wortstark 4

Baden-Württemberg

Werkstattheft mit Lernsoftware

Hauptschule

D1701933

Schroedel

wortstark 4
Baden-Württemberg

Werkstattheft mit Lernsoftware
Hauptschule

Erarbeitet von August Busse, Ingrid Hintz, Udo Paulus, Eleonore Preuß und Fritz Wiesmann

Bearbeitet von Ursula Erdmann, Ulrike Forster, Marianne Seibold und Anne Sikora

Textquellen: S. 6: Jürgen Spohn: Wohnung. Aus: J. Spohn. Flausen-Sausen. Ravensburg: Otto Maier 1989. S. 20f.; **S. 7, Lösungsteil S. 2:** Juliane Kühne: Sehnsucht. (c) bei der Autorin; **S. 8:** Franz Mon: der tisch ist oval. Aus: F. Mon. Poetische Texte 1951-1970. Gesammelte Texte 2. Berlin: Gerhard Wolf Janus Press 1995. S. 125; **S. 9:** Joseph von Eichendorff. Mondnacht. Aus: J. v. Eichendorff. Werke in einem Band. München: Hanser 1955; **S. 10:** Wilhelm Spohr: Es fehlt noch etwas. Aus: W. Spohr. Berliner Anekdoten. Berlin: Verlag Das neue Berlin 1952; **S. 11:** Sigismund von Radecki: Die Geschichte von den sechs Rasiermessern. Aus: S. v. Radecki. Das Abc des Lachens. Reinbek bei Hamburg: Rowohlt 1972. S. 117; **S. 12:** Johanna und Günter Braun: Herrn Morphs Konsequenz. Aus: J. u. G. Braun. Herr A. Morph. 52 Geschichten. Frankfurt a. M.: Insel 1998. S. 16; **S. 14:** Günter Kunert: Ludwig der Lärmer. Aus: Das Einhorn sagt zum Zweihorn. Schriftsteller schreiben für Kinder. Gesammelt und herausgegeben von Gertraud Middelhauve und Gerd Loschütz. München: Deutscher Taschenbuch Verlag 1977. S. 124; **S. 15:** Johann Peter Hebel: Der kluge Richter. Aus: J. P. Hebels sämtliche poetische Werke in sechs Bänden. Leipzig: Max Hesses Verlag 1912; **S. 70:** Dela Kienle: Uaaah! Im Sturzflug Richtung Urwald. Aus: Geolino 2/2003. S. 60ff.; **S. 74:** Jochen Schneider: Jugendliche unterschätzen Gefahren des Internets. Aus: Berliner Zeitung vom 5.5.2003; **S. 76:** Kerstin Wohne: Dünn und sexy. Wie Kinder und Jugendliche ihren Körper wollen. Aus: Schüler 2002: Körper. Seelze: Friedrich Verlag 2002; **S. 78:** Martin Verg: Hightech für die Füße. Aus: Geolino 9/2002. S. 20ff.
Bildquellen: S. 18, 20, 30, 31: Fritz Wiesmann, Borken; **S. 19:** VMC-Grenzflieger e. V., Vreden; **S. 22:** Lichtblick/Joachim Haenisch; **S. 28:** UNICEF; **S. 32:** altrofoto.de; **S. 35, 75:** Ulrike Köcher, Hannover; **S. 53: (o.)** Mauritius/AGE, **(u.)** Mauritius/Kupka; **S. 70, 71:** Anzenberger/Chris Sattlberger; **S. 78, 79 r.:** Picture-Alliance/dpa/epa; **S. 79 l.:** Corbis/Sandro Vannini

ISBN 978-3-507-48154-1
    alt: 3-507-48154-5

Nach gültiger Rechtschreibung 2006.

© 2005 Bildungshaus Schulbuchverlage
Westermann Schroedel Diesterweg Schöningh Winklers GmbH, Braunschweig
www.schroedel.de

Druck A [2] / Jahr 2006

Alle Drucke der Serie A sind im Unterricht parallel verwendbar.

Redaktion: Anja Köpper
Herstellung: Christian Behrens
Illustrationen: Manfred Bofinger, Sabine Lochmann und Jaroslaw Schwarzstein
Umschlaggestaltung und Lay-out: Janssen Kahlert Design & Kommunikation, Hannover
Satz: MoreMedia GmbH, Dortmund
Druck und Bindung: pva, Landau

WERKSTATT GEDICHTE

WERKSTATT Geschichten

WERKSTATT Schreiben

WERKSTATT Rechtschreiben

WERKSTATT Sprache

METHODEN LERNEN

Liebe Schülerin, lieber Schüler!

Dieses Werkstattheft haben wir für dich gemacht, damit du darin arbeiten und üben kannst. Du findest Übungen zum Nachdenken und Ausprobieren, zum Lesen, Schreiben und Rechtschreiben.

Wenn du die Arbeitsaufträge auf der folgenden Seite bearbeitest und die Ergebnisse auswertest, weißt du etwas genauer, was du üben und wiederholen solltest. Du erfährst auch, auf welchen Seiten du in diesem Werkstattheft Hilfen und Übungen findest.

Du kannst direkt im Werkstattheft arbeiten (eintragen, anstreichen, schreiben, zeichnen) oder etwas auf ein Zusatzblatt schreiben und einkleben, wenn der Platz nicht ausreicht.

Wenn du wissen möchtest, ob du alles richtig gemacht hast, dann kannst du im Lösungsteil nachschlagen. Oft gibt es aber nicht nur eine Lösung, sondern mehrere sind möglich. Arbeite dann mit jemandem zusammen und vergleicht eure Lösungen miteinander. Gebt euch Tipps und helft euch beim Überarbeiten und Berichtigen von fehlerhaften Textstellen. Holt euch dabei auch Hilfe von eurer Lehrerin oder eurem Lehrer.

Wir wünschen dir viel Spaß und Lernerfolg mit dem „wortstark"-Werkstattheft!

Das kann ich gut – Das muss ich üben

1 Kreuze in der Tabelle an, was für dich zutrifft:

		Das kann ich gut:	Das muss ich üben:	Übungen finde ich im Werkstattheft auf Seite:
1	Texte lesen, zu Texten schreiben			6, 7, 8, 9, 10, 11, 12/13, 14, 15-17
2	Über etwas berichten			18-21
3	Zu einem Thema Stellung nehmen			22-24
4	Einen literarischen Text zusammenfassen			25-27
5	Etwas beschreiben			28/29, 30/31
6	Texte überarbeiten			32/33
7	Rechtschreibhilfen anwenden, Wörter richtig schreiben			34-36, 37-39
8	Groß- und Kleinschreibung			40-43
9	Getrennt- und Zusammenschreibung			45/46
10	Satzzeichen setzen			47, 48-51
11	Zeitformen von Verben angemessen benutzen			64
12	Aktiv und Passiv verwenden			57-59
13	Konjunktiv I und II unterscheiden und verwenden			60/61, 62/63
14	Satzglieder bestimmen			66
15	Sätze bilden, Sätze verbinden			49-51, 65, 67, 68, 69
16	Informationen sammeln, gliedern und darstellen			70-72, 73, 74/75, 76/77, 78-80

2 Suche dir einige Seiten aus,
– mit denen du etwas üben willst, das du noch nicht so gut kannst.
– mit denen du etwas wiederholen willst, das du schon gut kannst.

3 Vergleiche deine Auswahl mit der von Mitschülerinnen und Mitschülern:
Was ist ähnlich? Was ist unterschiedlich? Findet Begründungen.

Ein Gedicht ergänzen

Das Gedicht *Wohnung* hat ein einfaches Bauprinzip und arbeitet mit leicht zu findenden Reimen. Obwohl es „Wohnungen" beschreibt, ist es eigentlich ein Liebesgedicht.

Wohnung
Jürgen Spohn

Im Kopfsalat
da wohnt die Schnecke
Die Anna
die wohnt um die Ecke

Der Bandwurm
wohnt im Darm
(Da hat er es
schön warm)

Ein Nagetier
wohnt hier bei mir

Der Frauenheld
wohnt im Roman
Der Geist wohnt
in der Geisterbahn

Im Zeugnis wohnt
die Dreibisvier
Der falsche Ton
wohnt im Klavier

???

Der Strom wohnt
in der Batterie
Du wohnst ...
in meiner Fantasie

1 Woran merkt man, dass dies eigentlich ein Liebesgedicht ist?

2 Unterstreiche die Reimwörter im Text und finde das Bauprinzip des Gedichts heraus.

3 Denke dir im gleichen Stil noch einige Strophen für die Lücke aus. Sammle zunächst einige Reimwörter und kombiniere sie dann zu Gedichtstrophen: *Elefant – im heißen Sand / frecher Spatz – am Fensterplatz / Ungetüm – in dem Kostüm / Katzenkind – im Sommerwind / ...*

Im Zoo

da wohnt der Elefant

Der Sandfloh

wohnt im heißen Sand

Ein Gedicht ergänzen und weiterführen

1 Das Gedicht *Sehnsucht* stammt in der Originalfassung von Juliane Kühne. Hier ist es unvollständig abgedruckt. Lies die übrig gebliebenen Textteile durch und fülle dann die Lücken so, dass zum Ausdruck kommt, wie **du** ein Sehnsuchtsgedicht mit deinen eigenen Worten schreiben würdest.

Sehnsucht

auf dem langen weißen Wolkenband am Horizont gehen

in die Sonne blinzeln

und immer wieder

_____

_____ in meinen Ohren

_____ sehen

weit weg _____

ich _____

vor mir _____

_____

hinter mir _____

_____

_____

_____

2 Stellt euch eure Gedichte vor und vergleicht sie abschließend auch mit dem Originalgedicht von Juliane Kühne im Lösungsteil.

3 Führe das Gedicht anschließend noch mit einigen Zeilen weiter.

WERKSTATT
GEDICHTE

Ein Parallelgedicht schreiben

der tisch ist oval
das ei ist oval
nicht jeder tisch ist oval
jedes ei ist oval
kaum ein tisch ist oval
kaum ein ei ist nicht oval
dieser tisch ist viereckig
dieses ei ist nicht viereckig
viele tische sind viereckig
viele eier sind nicht viereckig
die meisten tische sind viereckig
die meisten eier sind nicht viereckig

franz mon

1 In diesem Gedicht spielt der Autor mit Begriffen und den ihnen zugeordneten Bedeutungen. Finde das Bauprinzip des Gedichtes heraus.

2 Verfasse nach dem gleichen Bauprinzip ein eigenes Gedicht, z. B. mit den Begriffen *Ball – rund – Badewanne – weiß* oder *Schwein – rosa – Jeanshose – dreckig.*
Du kannst natürlich auch eigene Wortkombinationen (Nomen + Adjektiv/ Nomen + Adjektiv) finden und für deinen Text verwenden.

_____

_____

_____

_____

_____

_____

_____

_____

_____

_____

3 Sind diese Texte wirklich noch Gedichte? Diskutiert darüber.

Ein Gedicht untersuchen

_____ _Joseph von Eichendorff_

Es war, als hätt der Himmel
Die Erde still geküsst,
Dass sie im Blütenschimmer
Von ihm nun träumen müsst.

Die Luft ging durch die Felder,
Die Ähren wogten sacht,
Es rauschten leis die Wälder,
So sternklar war die Nacht.

Und meine Seele spannte
Weit ihre Flügel aus,
Flog durch die stillen Lande,
Als flöge sie nach Haus.

1 Im Gedicht deuten einzelne Wörter auf die Jahreszeit und die „Tageszeit"
hin, zu denen das Geschehen spielt. Unterstreiche diese Wörter im Text und
trage hier ein:

die Jahreszeit: _____ die „Tageszeit": _____

_Zwei Verbformen findest du
in der 1. Strophe, die dritte
in der letzten Strophe._

2 Drei Verbformen stehen im Konjunktiv II. Finde sie heraus und unterstreiche sie im Text. Versuche zu formulieren, was der Dichter wohl damit ausdrücken will, dass er hier nicht den Indikativ wählt, sondern den Konjunktiv.

_____

_____

3 Markiere mit einer anderen Farbe die sechs Adjektive im Text. Auf welche
„Stimmung" deuten sie hin?

_____

4 Schreibe in die Denkblasen, was dir zu dem Gedicht bzw. zu den
einzelnen Strophen einfällt.

5 Schreibe zusammenfassend auf, worum es deiner Meinung nach in
diesem Gedicht eigentlich geht. Arbeite auf einem Zusatzblatt.

6 Denke dir eine passende Überschrift aus und trage sie ein.
Begründe, warum du gerade diese Überschrift gewählt hast. Schreibe deine
Begründung ebenfalls auf das Zusatzblatt.

WERKSTATT
Geschichten

Eine Anekdote mit Hilfe von Leitfragen erschließen

Es fehlt noch etwas

Wilhelm Spohr

Eine öfter an Kopfschmerzen leidende Dame bat Ernst Ludwig Heim[1], den berühmten Berliner Arzt, in merklicher Verlegenheit und unter vielen Umschweifen um Entschuldigung, wenn sie sich eines Mittels bediene, das ihr als unfehlbar gerühmt sei; sie solle nämlich, wenn die Schmerzen sich einstellten, den Kopf mit Sauerkohl bedecken.

„Oh, sehr gut", antwortete Heim, „aber vergessen Sie nicht, auch eine Bratwurst obendrauf zu legen."

[1] Ernst Ludwig Heim lebte von 1747 bis 1838.

1 Beantworte die folgenden Fragen zu der Anekdote:

- Wann und wo ereignet sich die Begebenheit?
- Welche Personen kommen vor?
- Was erfahren wir über die Personen?

- Welcher Charakterzug des Arztes wird in dem überraschenden Schluss deutlich?

- Was will der Arzt mit seiner Antwort eigentlich sagen?

MERKE

Die **Anekdote** erzählt oder berichtet von einer unerhörten Begebenheit, von dem Charakterzug einer bekannten Person, die durch ihr Verhalten auffällt oder sich mit einer witzigen Aussage hervortut. Außerdem will die Anekdote auf menschliche Eigenschaften wie Geiz, Schlagfertigkeit oder Mut hinweisen. Dabei will sie vor allem unterhalten, zum Lachen bringen und zum Nachdenken anregen.

2 Belege anhand der Definition im Merkkasten, dass es sich hier um eine Anekdote handelt.

Aus einer Anekdote eine Zeitungsmeldung machen

Die Geschichte von den sechs Rasiermessern

Sigismund von Radecki

Ein Kaufmann in St. Louis steht Zigarre rauchend vor der Tür seines Ladens. Da kommt ein Yankee Pedlar (ein Hausierer) vorbei und begrüßt ihn mit einem lässigen „How do you do?" Der Kaufmann antwortet mit einem verächtlichen Schweigen.

Der Hausierer fährt fort: „Mir scheint, mit Ihnen ist heute kein 5 Geschäft zu machen?"

„Ich taxiere, nein", versetzt der Kaufmann lakonisch und mustert ihn vom Kopf bis zu den Füßen.

„Sehr bedauerlich für Sie", sagt der Yankee, „denn ich habe hier ausgezeichnete Rasiermesser, die besten in ganz USA. Ich will 10 Ihnen das halbe Dutzend für drei Dollar ablassen ..."

„Ich brauche sie nicht."

„Da will ich doch drei Dollar wetten", sagt der Yankee hitzig, „dass Sie mir ein annehmbares Gebot auf meine sechs Rasiermesser machen werden!" 15

„Topp!", ruft der Kaufmann siegesgewiss, „ich nehme die Wette an."

Ein neugieriger Nachbar tritt herzu. Man übergibt ihm drei Dollar von der einen und drei Dollar von der anderen Seite.

„Gut", fährt der Hausierer fort, „diese Rasiermesser haben im- 20 merhin einen Wert: Machen Sie Ihr Angebot!"

„My boy, ich biete dir zwei Cent für die sechs Rasiermesser", sagt der Kaufmann gravitätisch.

„Gemacht!", ruft der Yankee, „hier sind die Messer, geben Sie Ihre zwei Cent und Sie, Herr Nachbar, die sechs Dollar!" 25

Der Kaufmann nimmt verdutzt die neu erworbenen Rasiermesser, zahlt zwei Cent und brummt irgendetwas wütend durch die Zähne.

„Mir scheint", sagt der Yankee äußerst höflich, „mir scheint, dass Sie den Kauf bedauern. Wenn ja, so bin ich bereit, ihn rückgängig zu machen!" 30

„My boy, ich sehe, dass du im Grunde ein netter Kerl bist. Also gut: Hier hast du deine Rasiermesser zurück."

„Und hier sind Ihre zwei Cent, Mister", sagt der andere und steckt die Rasiermesser kaltblütig ein.

„Oho! Halt! – und meine drei Dollar?" 35

Da wendet sich der Yankee erstaunt zurück: „Sie haben", sagt er, „einen Kauf und eine Wette abgeschlossen. Das sind zwei ganz verschiedene Dinge. Der Kauf wurde annulliert[1]. Die Wette aber haben Sie verloren. Kein Mensch hat davon gesprochen, dass auch die Wette annulliert würde! Hätten Sie die Wette gewonnen, so besäßen 40 Sie jetzt meine drei Dollar. Da ich sie gewann, so besitze ich die Ihren. Hoffentlich sehen wir uns bald wieder!"

[1] für ungültig erklärt

Tipps für das Umschreiben:
– Antworten auf die W-Fragen geben: wann? wo? wer? was? wie? warum?
– Sachlich berichten, keine eigene Meinung einfügen.
– Eine Schlagzeile formulieren, die auf die Meldung neugierig macht.

1 Stell dir vor, du bist ein Zeitungsreporter, der diese Geschichte miterlebt hat, und willst in der Zeitung unbedingt davon berichten. Mache aus der Anekdote eine Zeitungsmeldung (Zusatzblatt).

WERKSTATT
Geschichten

Eine Geschichte aus einer anderen Perspektive erzählen

Herrn Morphs Konsequenz

Johanna und Günter Braun

Als Herr Morph am Abend die dreitausendfünfhundert Mark vermisste, die er am Tag zuvor geholt und in seinen Schreibtisch gelegt hatte, fragte er seine Frau, ob sie das Geld woanders hingelegt habe.

Sie hatte es nicht, und daraus schlussfolgerte Morph, dass ihm das Geld gestohlen war. Er fragte Frau Morph, ob sie Wilfried Naumann, seinen Freund, der, als Morph noch nicht von der Arbeit zurück war, ein Buch zurückgebracht hatte, einen Augenblick allein gelassen habe. [5]

Ja, sagte sie, um ihm einen Kaffee zu bereiten.

Dann hat er das Geld gestohlen, sagte Morph. [10]

Das kannst du nicht ohne Weiteres behaupten.

Es ergibt sich logisch, sagte Morph.

Vielleicht war es ein Einbrecher, sagte sie.

Wir waren die Nacht zu Hause, und es war alles verschlossen. Es gibt nicht die geringsten Spuren eines Einbruchs. Es bleibt nur [15] Freund Naumann übrig.

Unmöglich, er ist unser Freund, sagte Frau Morph.

Es hat sich gezeigt, dass er nicht unser Freund ist, sagte Morph. Ich fahre jetzt zu ihm und hole das Geld.

Naumann war empört, als Morph im unterstellte, das Geld ge- [20] nommen zu haben. Er versicherte, es nicht genommen zu haben, er beschwor es. Und argumentierte damit, dass er einen Freund nicht bestehlen würde.

Das behaupten falsche Freunde oft, sagte ungerührt Morph, gib das Geld heraus. [25]

Ich habe es nicht, sagte der Freund.

Es wäre wenigstens ein kleiner Freundschaftsdienst, ein Rest von Freundschaft, wenn du es mir jetzt geben würdest.

Ich kann nicht geben, was ich nicht habe.

Damit erkläre ich unsere Freundschaft für beendet, sagte Morph [30] und verließ den Freund.

Dann fand Morph in seinem Schreibtisch das Geld. Er hatte es zu gut versteckt, zwischen die Seiten seines Tagebuchs siebenmal einen Fünfhundertmarkschein gelegt, sodass es nicht auffiel.

Kurz darauf brachte der Sohn des Freundes einen Umschlag mit [35] dreitausendfünfhundert Mark. Unserer Freundschaft zuliebe, schrieb der Freund, damit sie erhalten bleibt, schicke ich dir das Geld, auch wenn ich, was ich hiermit noch einmal beschwöre, es nicht genommen habe.

Morph schickte das Geld zurück und schrieb dazu: Es bleibt [40] dabei, unsere Freundschaft ist beendet. Ich habe das Geld gefunden. Damit ist bewiesen, dass ich der Freundschaft nicht wert bin.

1. Herr Morph ist sicher, dass sein Freund das Geld genommen hat. Erläutere, wie er das begründet.

Eine Geschichte aus einer anderen Perspektive erzählen

2 Welche Konsequenzen zieht Herr Morph zunächst aus seiner Überzeugung?

3 Wie verhält er sich, als er seinen Irrtum bemerkt? Was meinst du zu dieser weiteren Konsequenz?

4 Versetze dich in die Lage des Freundes Wilfried Naumann und erzähle die Geschichte aus seiner Perspektive neu.

Beachte die folgenden Schreibhinweise:
– Mach dir noch einmal klar, worum es in der Geschichte geht.
– Überlege, was der Freund als Ich-Erzähler von der Geschichte wissen kann (weil er es selbst miterlebt hat oder weil Morph es ihm mitgeteilt hat) und was nicht.
– Markiere im Text entsprechende Textstellen.
– Entscheide dich, an welchen Stellen du die wörtliche oder die indirekte Rede benutzen willst.
– Dein Text wird lebendiger, wenn du auch mögliche Gedanken und Gefühle des Ich-Erzählers zum Ausdruck bringst.

Vor einigen Tagen kam mein Freund Morph

WERKSTATT
Geschichten

Eine Parallelgeschichte schreiben

Ludwig der Lärmer
Günter Kunert

Ludwig lärmt gern. Und viel. Und immer. Läuft Ludwig die Treppe hinunter, macht Ludwig Lärm: wie zehn Elefanten oder zwanzig Nashörner oder achtunddreißig Giraffen oder sechsundvierzig Büffel. Ludwig spricht niemals leise. Er braucht kein Telefon. Dafür dreht er das Radio an, dass alle Leute im Hause es hören können. 5
Und im Nebenhause. Und im Hause neben dem Nebenhause.

Das Wichtigste an Ludwigs Fahrrad ist die Klingel: Die Bremse kann verrotten. Ludwigs Fußball ist eine leere Konservendose, sein Spielfeld eine Straße mit Katzenkopfpflaster.

Ludwig hört nichts, weil er so laut ist, und wenn Ludwig schon 10
mal was gehört hat, kann er nicht antworten, weil er grade pfeift. Schade. Denn da hat doch jemand, wahrscheinlich sogar seine Mutter, gerufen: Ludwig – es gibt Schokoladenpudding! Das hat er verpasst. Ludwig – komm, wir gehen zum Schwimmen! Verpasst. Ludwig – willst du dir zwei Mark verdienen?! Verpasst. Ludwig – ich 15
bin eine Fee und du hast drei Wünsche frei! Wie? Was? Hat da einer gemurmelt: Es liegt Schnee? Man trinkt drei Pünsche und isst Brei?

Armer Ludwig. Denn Ludwig ist krank. Er leidet grässlich an Selbstsucht, was schlimmer ist als Gelbsucht – richtig verstanden? Selbstsucht! Denn wer solchen Lärm macht, kann immerzu und 20
immer wieder bloß an sich denken und kennt nur sich, weil er nur an sich denkt: Armer Ludwig, wie langweilig ist das!

1 Der Text hat drei inhaltliche Aspekte. Markiere mit verschiedenen Farben Textstellen, in denen erzählt wird,
– warum Ludwig ein Lärmer ist,
– welche Folgen das Lärmen für ihn hat,
– welche Meinung der Erzähler dazu hat.

2 Schreibe eine Parallelgeschichte, in der sich eine andere Person vergleichbar verhält und du am Ende deine Meinung dazu sagst (Zusatzblatt).

Hubert, der Sänger

Felix, der Träumer

Sabine, die Läuferin

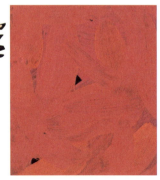
Carina, die ...

Eine kurze Geschichte genau lesen und weiterschreiben

Der kluge Richter   *Johann Peter Hebel*

Dass nicht alles so uneben sei, was im Morgenlande geschieht, das
haben wir schon einmal gehört. Auch folgende Begebenheit soll
sich daselbst zugetragen haben. Ein reicher Mann hatte eine be-
trächtliche Geldsumme, welche in ein Tuch eingenäht war, aus Un-
vorsichtigkeit verloren. Er machte daher seinen Verlust bekannt 5
und bot, wie man zu tun pflegt, dem ehrlichen Finder eine Belohnung, und zwar von hundert Talern, an. Da kam bald ein guter und
ehrlicher Mann dahergegangen. „Dein Geld habe ich gefunden. Dies
wird's wohl sein! So nimm dein Eigentum zurück!" So sprach er
mit dem heitern Blick eines ehrlichen Mannes und eines guten Ge- 10
wissens, und das war schön. Der andere machte auch ein fröhli-
ches Gesicht, aber nur, weil er sein verloren geschätztes Geld wie-
derhatte. Denn wie es um seine Ehrlichkeit aussah, das wird sich
bald zeigen. Er zählte das Geld und dachte unterdessen geschwinde
nach, wie er den treuen Finder um seine versprochene Belohnung 15
bringen konnte. „Guter Freund", sprach er hierauf, „es waren eigentlich achthundert Taler in dem Tuch eingenäht. Ich finde aber
nur noch siebenhundert Taler. Ihr werdet also wohl eine Naht auf-
getrennt und Eure hundert Taler Belohnung schon herausgenom-
men haben. Da habt Ihr wohl daran getan. Ich danke Euch." Das 20
war nicht schön. Aber wir sind auch noch nicht am Ende. Ehrlich
währt am längsten, und Unrecht schlägt seinen eigenen Herrn. Der
ehrliche Finder, dem es weniger um die hundert Taler als um seine
unbescholtene Rechtschaffenheit zu tun war, versicherte, dass er
das Päcklein so gefunden habe, wie es bringe, und es so bringe, 25
wie er's gefunden habe. Am Ende kamen sie vor den Richter. Beide
bestanden auch hier noch auf ihrer Behauptung, der eine, dass
achthundert Taler seien eingenäht gewesen, der andere, dass er von

WERKSTATT

Geschichten

Eine kurze Geschichte genau lesen und weiterschreiben

dem Gefundenen nichts genommen und das Päcklein nicht versehrt habe. Da war guter Rat teuer. Aber der kluge Richter, der die Ehr- 30 lichkeit des einen und die schlechte Gesinnung des andern zum Voraus zu kennen schien, griff die Sache so an: Er ließ sich von beiden über das, was sie aussagten, eine feste und feierliche Versicherung geben und tat hierauf folgenden Ausspruch: „Demnach, und wenn der eine von euch achthundert Taler verloren, der andere 35 aber nur ein Päcklein mit siebenhundert Talern gefunden hat, …

1 Lies den Text genau durch. Versuche die Wörter, die dir unbekannt sind, aus dem Zusammenhang zu erschließen oder im Lexikon nachzuschlagen. Einige Wörter kannst du in unsere heutige Sprache „übersetzen", z. B.:

Zeile 1: **uneben** _____

Zeile 3: **daselbst** _____

Zeile 7: **Taler** _____

Zeile 8: **dahergegangen** _____

Zeile 14: **unterdessen geschwinde** _____

Zeile 22: **Unrecht schlägt seinen eigenen Herrn.** _____

Zeile 24: **unbescholtene Rechtschaffenheit** _____

Zeile 25: **Päcklein** _____

Zeile 31: **zum Voraus** _____

Zeile 33: **feierliche Versicherung** _____

_____ _____

2 Unterstreiche mit drei verschiedenen Farben Textstellen, die etwas über den „Charakter" bzw. die Eigenschaften der Personen aussagen:
– des Mannes, der das Geld verloren hat,
– des Mannes, der das Geld gefunden hat,
– des Richters.

Eine kurze Geschichte genau lesen und weiterschreiben

3 In fünf Textstellen wird deutlich, dass der Erzähler die Geschichte nicht nur erzählt, sondern am Anfang und zwischendurch auch kommentiert.
Markiere solche Stellen mit einer anderen Farbe (z. B. Zeile 1-3, Zeile 11 …).

4 Bei dem Text fehlt der Schluss. Schreibe auf, wie die Geschichte weitergehen könnte (d. h. wie der Richter wohl entscheidet).

_____

_____

_____

_____

_____

_____

_____

_____

_____

_____

5 Begründe, warum du die Geschichte so zu Ende geführt hast:

_____

_____

_____

_____

6 Stellt euch eure Schlüsse der Geschichte gegenseitig vor und begründet, warum ihr es so gemacht habt. Lest anschließend auch den Originalschluss im Lösungsteil nach.

WERKSTATT
Schreiben

Über Beobachtungen und Eindrücke berichten

Die Klasse 8b erkundete während eines Unterrichtsprojekts ungewöhnliche Hobbys. Sie besuchte dabei auch einen **Modellflugverein**. Bei einem Interview mit dem Vereinsvorsitzenden wollte sie herausfinden, wie sich der Verein entwickelt hat und was Jugendliche dort machen können.

Interview auswerten   1. Aus dem Interview soll ein Bericht mit interessanten Einzelheiten über die Vereinsgeschichte und die Jugendarbeit im Verein werden.
Welche Aussagen sind für dich neu oder interessant? Markiere die entsprechenden Stellen im Text.

Gespräch mit dem Vorsitzenden des Modellflugvereins

Herr Roth, wie hat es mit dem Modellflugverein Huxfeld angefangen?
So ganz genau weiß das keiner. Anfang der Sechzigerjahre haben sich zwei junge Leute eine Wiese hinter dem elterlichen Bauernhof weit draußen vor der Stadt für ihre Flugversuche hergerichtet. Nach und nach kamen immer mehr Modellflugbegeisterte dazu. Das war 5
ein lockerer Club, ein Verein wurde erst später gegründet.

Wie kam es zur Vereinsgründung?
Ende 1966 wurden die Behörden auf die Modellflieger aufmerksam. Es sollte nämlich eine neue Bundesstraße gebaut werden, die ziemlich nah am Fluggelände vorbeiführte. Deshalb wurde zunächst ein- 10
mal jeder Flugbetrieb dort verboten. Der Club wollte aber nicht aufgeben, und so fand man hier im Außenbezirk von Huxfeld ein neues Gelände. Aber jetzt musste alles nach Vorschrift eingerichtet werden. Das konnte nur ein Verein schaffen, mit regelmäßigen Mitgliedsbeiträgen und Arbeitseinsätzen. So wurde 1968 der „Modell- 15
flugclub Huxfeld" gegründet, kurz „MFC". Er hatte anfangs nur neun Mitglieder, inzwischen sind es über dreißig.

Über Beobachtungen und Eindrücke berichten

Wie ist das ganze Gelände hier fertig geworden?
Die Vereinsmitglieder haben hier viel Geld und Freizeit investiert. Zuerst wurde ein ebenes Grasfeld mit einer asphaltierten Start- und 20 Landebahn angelegt. 1975 entstand für die Geräte und die Versammlungen eine abschließbare Hütte mit Stromanschluss, etwas später ein Fangzaun zum Schutz der Zuschauer und für die Wettbewerbe feste Standflächen für die Modellflieger. Auch den Parkplatz und die Campingwiese für Gäste haben wir selbst angelegt. 25

Sind auch Jugendliche in unserem Alter im MFC?
Wir haben seit 1998 eine sehr aktive Jugendabteilung mit inzwischen acht Mitgliedern, davon leider nur zwei Mädchen. Ich konnte damals meine Doppelgarage zur Verfügung stellen. Das hatte zwei Vorteile: Die Jugendlichen mussten nicht mehr so weit raus- 30 fahren zur Clubhütte und sie hatten jetzt eine geräumige Werkstatt für die Modellbau-Arbeiten. Außerdem bieten wir im Rahmen der städtischen Ferienspaß-Aktion für alle interessierten Kinder und Jugendlichen ein „Jedermann-Fliegen" an. Dabei kann man am Computersimulator und im Lehrer-Schüler-Betrieb erste Erfahrun- 35 gen mit dem Lenken von Modellflugzeugen machen.

Blick in die Bastelwerkstatt

Was können die Jugendlichen im Verein machen?
In den Wintermonaten bieten wir Modellbaukurse an. Unter Anleitung erfahrener Modellflieger basteln die Anfänger zunächst Freiflug- 40 modelle wie „Der Kleine UHU", die Älteren bauen auch einfache Motormodelle wie den „TELEMASTER". Die Modelle werden wegen der Kostenersparnis über den Verein besorgt.

Aus gutem Grund nehmen wir in der Jugend- 45 gruppe nur Holzbausätze. Wenn dann mal eine Landung nicht so gut gelingt, können Beschädigungen am Modell mit wenig Aufwand beseitigt werden. Wenn alle Rippen, Holme und Beplankungen zusammengeleimt sind, die 50 Rumpf- und Tragflächenbespannung sitzt und bei den RC-gesteuerten Modellen Motor und Funkfernsteuerung eingebaut sind, dann geht's im Frühjahr gemeinsam zum Einfliegen auf unser Modellsportgelände Huxfeld. 55

Ist Modellfliegen schwer zu erlernen?
Viele haben Erfahrungen mit Computerspielen und wundern sich dann, dass das richtige Fliegen doch ganz anders ist. Wir vermitteln das Fliegen zwar auch zunächst an einem Computer-Simulator, allerdings mit einer Steuerung, die genau den echten Funkfernsteue- 60 rungen entspricht.

WERKSTATT

Schreiben

Über Beobachtungen und Eindrücke berichten

Erste Flugerfahrungen mit der Lehrer-Schüler-Steuerung

Später im Lehrer-Schüler-Betrieb sind zwei Steuereinheiten so verbunden, dass der Lehrer während eines Fluges jederzeit eingreifen und die Steuerung übernehmen kann, wenn es Probleme gibt. Nach wenigen Flugstunden sind die angehenden Modellpiloten dann in 65 der Lage, eigenständig zu starten und zu landen.

Ist Modellfliegen ein teures Hobby?
Unsere Vereinsbeiträge für Jugendliche sind so gering, dass sie gut vom eigenen Taschengeld bezahlt werden können. Auch die Bausätze für die Freiflugmodelle sind noch erschwinglich. Anders 70 sieht es aber bei den Motormodellen aus. Ich kann ja mal die Kosten für ein Anfängermodell überschlagen: Baukasten und Kleinteile: ca. 100,– €; Motor, Funkfernsteuerung, Starterakku, Ladegerät: ca. 250,– €, also zusammen 350,– €.

Seit einiger Zeit können wir aber auch für Vereinsmitglieder eine 75 Funkfernsteuerung leihweise zur Verfügung stellen. Das verringert die Kosten. Ich habe die Erfahrung gemacht, dass die Jugendlichen die Finanzierung oft mit Eltern, Paten, Oma oder Opa klären, im Zusammenhang mit Geburtstags- oder Weihnachtsgeschenken. So schaffen wir es, trotz anderer aktiver Vereine und trotz Spielekon- 80 solen und Computern, immer eine Gruppe aktiver Jugendlicher für das Hobby zu begeistern.

Stichwortzettel erstellen

2 Zur Vorbereitung des Berichts hilft ein Stichwortzettel. Dazu musst du entscheiden, welche Informationen aus Interview und Fotos für die Leser wichtig sind. Ergänze den Stichwortzettel:

– erste Anfänge unklar (Sechzigerjahre auf Bauernhof)

– Umzug wegen Bundesstraße, 1968 MFC Huxfeld gegründet

Über Beobachtungen und Eindrücke berichten

Bericht schreiben

3 Mit Hilfe der Fotos, des Interviews und des Stichwortzettels ist der folgende Bericht begonnen worden. Der Schreiber hat sich aber nicht streng an die Reihenfolge der Informationen gehalten. Er hat eine bestimmte Information an den Anfang gestellt, um die Einleitung lebendiger zu machen.
Welche Information ist es? Woher hat er sie? Markiere die entsprechende Foto-/ Interview-Information.

Fliegen lernen und auf dem Boden bleiben

8b erkundet ungewöhnliches Hobby in Huxfeld

Nach einer Stunde selbstständig fliegen? Kein Problem, stellten wir fest, als wir uns die Lehrer-Schüler-Steuerung auf dem Gelände des Modellflugclubs umgehängt hatten. Unsere ganze Klasse 8b war vom Vereinsvorsitzenden, Herrn Roth, zu einer Erkundung für unser Projekt „Ungewöhnliche Hobbys" eingeladen worden. Dabei konnten wir auch ausprobieren, wie man sich als Neuling mit einem ferngesteuerten Modellflugzeug vertraut macht.

Den Verein gibt es schon ziemlich lange ...

4 Übertrage den Anfang des Berichts auf ein Zusatzblatt und schreibe den Bericht zu Ende. Beachte dazu die folgenden Tipps:
– Orientiere dich an deinem Stichwortzettel. Entscheide, welche Informationen du weglassen oder aus dem Interview ergänzen willst.
– Verwende wörtliche oder indirekte Redewiedergabe.
– Verwende Formulierungshilfen von den farbigen Zetteln.
– Gliedere den Text in sinnvolle Abschnitte.

```
Indirekte Rede im
Konjunktiv I:

Er sagte, er sei seit
drei Jahren Vorsitzender.
Das sei viel Arbeit, aber
es mache ihm Spaß.
```

```
Redeeinleitungen:

erklärte      fügte hinzu
meinte        erwähnte
erzählte      nannte
zählte auf    …
```

```
Sätze einleiten und
verbinden:

aber    dann    und
außerdem        danach
zurzeit         später
schließlich     …
```

5 In der Lokalzeitung soll ein Kurzbericht über die Hobby-Erkundung der Klasse 8b erscheinen. Es ist Platz für ein Foto und einen kurzen Text von ca. 60 Wörtern. Wähle ein Foto aus und schreibe den Kurzbericht auf:

Im Rahmen eines Unterrichtsprojekts besuchte die Klasse 8b der Neumühlenschule in der vergangenen Woche ...

Den eigenen Standpunkt formulieren

1. Lies den folgenden Artikel, der auf der Jugendseite einer Zeitung erschien. Wie stehst du zu den Aussagen des Artikels? Womit bist du einverstanden, was findest du weniger gut? Kennzeichne am Rand die Textstellen, bei denen du anderer Meinung bist.

Mit Badehose in die Bank?

In der Schule richtig angezogen zu sein, ist schon schwer genug. Aber zum Problem wird die Kleidungsfrage erst, wenn es um den Einstieg in die Berufswelt geht, etwa beim Praktikum. Muss ich mich da total verkleiden? Darf die Jeans jetzt anbleiben oder muss ein Anzug her? Wann ist der Rock zu kurz, das Shirt zu knapp?

Was absolut nicht geht? Ein Nasenpiercing im Nobelhotel. Das ist für Annegret Bothe, Ausbildungsberaterin an der Kästnerschule, ganz klar. Sie hat bei verschiedenen Betrieben nach-
5 gefragt, um ihre Schülerinnen und Schüler in Kleidungsfragen besser beraten zu können. Ihre Erfahrungen: „Sauberkeit und Ordnung sind Grundvoraussetzungen. Schließlich ist das persönliche Äußere und das gesamte Auf-
10 treten ein Beispiel für den Stil des Betriebs. Wohl alle Chefs achten zum Beispiel auf saubere Fingernägel und fleckenlose Kleidung. Ausgefranste Jeans und ausgelatschte Schuhe machen sofort einen schlechten Eindruck."
15 Bothe weiß, dass das äußere Erscheinungsbild besonders in Firmen mit Kundenkontakt wichtig ist. Denn die Kunden erwarten eine seriöse, verlässliche Beratung und Bedienung. Die Kleidung soll eine Art Vertrauensverhält-
20 nis schaffen. „Bauchfrei oder schulterfrei passt vielleicht auf der Party, in einer Bank geht das natürlich nicht", erklärt sie. Besonders klare Regeln kennt sie aus dem Hotelbereich: „Komplette Anzüge oder Hosen mit Hemd
25 und Weste für die Herren, meistens Hosenanzüge oder Kostüme für die Damen, wobei die Röcke nicht höher als Kniemarke rutschen dürfen." So klare Vorschriften gelten allerdings nicht in allen Branchen – und auch
30 nicht immer für Schulpraktikanten. Bothe hält es aber für wichtig, schon in der Schule die Kleidungsfrage ernster zu nehmen: „Viele junge Leute meinen, dass um die Klamotten zu viel Wirbel gemacht wird. Schließlich lebe
35 man ja in einem freien Land und jeder könne

sich individuell nach seinem Geschmack kleiden." Sie meint, dass Elternhaus und Schule den Schülerinnen und Schülern bei ihrem Äußeren zu viele Freiheiten lassen. Deshalb
40 begrüße sie auch die Maßnahme ihrer Schule, die etwas gegen die bauchfreien Outfits der Mädchen unternehmen wollte: „Die Schulkonferenz war der Ansicht, dass bauchfreie Shirts und tiefe Ausschnitte in der Schule nichts zu
45 suchen haben, weil sie vom Lernen ablenken. Außerdem bringe diese Mode Mädchen in den Zwang, sich körperlich zur Schau zu stellen. Weniger schlanke Mädchen müssten sich „Modelfiguren" anhungern, um auf dem
50 „Laufsteg Schule" konkurrieren zu können. Wer unangemessen gekleidet zur Schule kommt, muss sich deshalb ein schuleigenes, ausreichend großes T-Shirt mit aufgedrucktem Schulemblem überziehen."
55 Bothe erklärt, dass das allerdings bisher nur einmal vorgekommen sei. „Die Kleiderordnung der Schule wird respektiert. Das ist eine gute Vorbereitung auf die Berufswelt."

Den eigenen Standpunkt formulieren

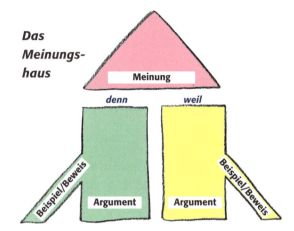

Das Meinungs-haus

Meinung

denn   weil

Beispiel/Beweis   Beispiel/Beweis

Argument   Argument

2 Kreuze die Argumente an, die im Text vorkommen:

(1) Besonders für Firmen mit Kundenkontakt ist das äußere Erscheinungsbild wichtig.
(2) Kleidungsvorschriften in der Schule bewirken weniger Konkurrenz untereinander.
(3) Das persönliche Äußere des Mitarbeiters ist ein Beispiel für den Stil des Betriebs.
(4) Die Kleidung soll eine Art Vertrauensverhältnis zwischen Kunden und Mitarbeitern schaffen.
(5) Wenn in der Schule auf angemessene Kleidung geachtet wird, ist das eine gute Vorbereitung für die Berufswelt.
(6) Mit seiner Kleidung kann man seinen individuellen Geschmack unterstreichen.

3 Zum Thema des Zeitungsartikels findest du hier vier unterschiedliche Standpunkte. Schreibe Argumente, die jeweils den Standpunkt unterstützen, daneben auf. Du kannst einige Argumente von oben verwenden, musst aber auch neue finden.

Standpunkt A: Sauberkeit und Ordnung sind Grundvoraussetzungen; was genau angezogen wird, ist darüber hinaus nicht so wichtig.

_____

_____

_____

Standpunkt B: Es gibt unterschiedliche Kleidungsstile für unterschiedliche Gelegenheiten. Daran sollte man sich halten.

_____

_____

_____

Standpunkt C: Der Betrieb hat das Recht, den Mitarbeitern die Kleidung vorzuschreiben.

_____

_____

Standpunkt D: Kleidervorschriften verstoßen gegen das Recht auf freie Entfaltung der Persönlichkeit.

_____

_____

_____

4 Unterstreiche im Text Beispiele und Beweise, die die Argumente stützen und veranschaulichen, in verschiedenen Farben.

WERKSTATT
Schreiben

Den eigenen Standpunkt formulieren

5 In einem Leserbrief nimmt Sandra kritisch Stellung zu einer Aussage des Zeitungsartikels, mit der sie nicht einverstanden ist. Sie greift dabei ein Gegenargument auf und weist es zurück. Unterstreiche diese Textstelle in dem folgenden Leserbrief-Ausschnitt:

Leserbrief zum Artikel „Mit Badehose in die Bank?"

Liebe Frau Bothe,

wie man in dem Zeitungsartikel erfährt, sind Sie Ausbildungsberaterin an einer Schule. Sie wissen, was in den Firmen verlangt wird und können Ihren Schülern viele nützliche Tipps geben. Ich bin Schülerin, kann aber nicht verstehen, dass Sie den Schulkonferenzbeschluss zu den Kleidungsvorschriften gut finden. Sie halten das auch noch für eine gute Vorbereitung auf das Berufsleben. Das sehe ich ganz anders: Man kann doch nicht die Schule mit dem Beruf vergleichen. Die Schüler wissen selbst gut genug, wie man sich im Praktikum oder bei einer Bewerbung passend anzieht. Schule ist etwas ganz anderes, man hat da halt größere Freiheiten und die sollte man auch nutzen. …

---

6 Ergänze ein weiteres Argument, mit dem Sandra ihre Meinung weiter begründen kann. Du kannst ein Argument von dem blauen Zettel auswählen oder ein eigenes formulieren. Ergänze mindestens ein passendes Beispiel, das das Argument gut verdeutlicht.

Schüler haben in der Schule ein Recht auf freie Wahl der Kleidung.

Man muss auch lernen, sich passend zu kleiden, das geht nicht mit Vorschriften und Verboten.

Wer bestimmt in der Schule, was „unpassend gekleidet" ist?

Wer mit dem Schul-Shirt rumlaufen muss, wird lächerlich gemacht.

7 Greife ähnlich wie Sandra ein anderes Gegenargument aus dem Zeitungsartikel auf und weise es zurück. So kannst du beginnen:

In dem Artikel ist davon die Rede, dass

Inhalte zusammenfassen

Wenn man **einen Text schriftlich zusammenfassen** will, kann man unterschiedlich vorgehen. Hier kannst du drei verschiedene Möglichkeiten erproben.

In Stichpunkten | **1** Lies die Geschichte *Herrn Morphs Konsequenz* auf Seite 12. Blättere anschließend hierher zurück und schreibe in Stichpunkten auf, was du vom Inhalt der Geschichte behalten hast.

– Herr Morph vermisst Geld, das er am Vortag in den
  Schreibtisch gelegt hat.

_____

_____

_____

_____

_____

_____

_____

_____

_____

Mit Fragen und Antworten | **2** Den wesentlichen Inhalt kann man auch wiedergeben, indem man Fragen zum Text stellt und sie beantwortet.
Beantworte die folgenden Fragen zu der Geschichte:

a Welches sind die Hauptpersonen?

_____

b In welchem Zeitraum spielt sich das Geschehen ab?

_____

c Welches Problem ergibt sich zwischen den Personen?

_____

_____

WERKSTATT
Schreiben

Inhalte zusammenfassen

d Wie wird das Problem gelöst? Wie sind die Personen mit der Lösung zufrieden?

_____

_____

_____

_____

_____

e Ist der Ausgang der Geschichte überraschend oder war er vorherzusehen? Warum?

_____

_____

_____

_____

_____

In einem zusammen-
hängenden Text

3 Wenn du den Inhalt eines Textes mit eigenen Worten in einem zusammenhängenden Text zusammenfassen willst, können dir die Stichpunkte und die Antworten auf die Fragen helfen, nur das Wichtigste wiederzugeben.

MERKE

Checkliste: Inhalte zusammenfassen

– Zu Beginn Autor, Titel, Thema und Art des Textes nennen.
– Auf Einzelheiten wird verzichtet.
– Keine wörtliche Rede, stattdessen indirekte Rede oder Umschreibungen.
– Keine spannenden Formulierungen.
– Zusammenfassung mit eigenen Worten.
– Zeitform: Präsens.

*Zur Umformung der direkten in die indirekte Rede kannst du auch in der **Werkstatt Sprache** weiterarbeiten (S. 60/61).*

Vervollständige die Zusammenfassung auf der folgenden Seite. Beachte dabei die Schreibtipps der Checkliste. Achte auch auf die verschiedenen Möglichkeiten, die wörtliche Rede umzuformen, z. B.:
– indirekte Rede: *Seine Frau bestätigt ihm, dass sie seinen Freund kurz allein gelassen habe.*
– Umschreibung: *Morph bezeichnet Naumann als falschen Freund.*

Inhalte zusammenfassen

In der kurzen Geschichte „Herrn Morphs Konsequenz" von Johanna und Günter Braun wird erzählt, wie ein Mann seinen besten Freund zu Unrecht verdächtigt, ihn bestohlen zu haben. Er trifft daraufhin eine konsequente Entscheidung.
Herr Morph vermisst eines Abends eine größere Geldsumme, die er am Vortag in seinen Schreibtisch gelegt hat. Seine Frau hat das Geld ...

_____

_____

_____

Seine Frau bestätigt ihm, dass sie seinen Freund kurz allein gelassen habe. Daraufhin behauptet Herr Morph, dass Naumann das Geld gestohlen habe.

_____

_____

_____

Morph bezeichnet Naumann als falschen Freund. Naumann bestreitet aber nochmals, das Geld genommen zu haben.

_____

_____

_____

Morph erklärt die Freundschaft für beendet.

_____

_____

_____

In dem beiliegenden Brief bestätigt Naumann trotz allem seine Freundschaft zu Morph. Er beschwört erneut, das Geld nicht genommen zu haben.

_____

_____

Zu einer Werbeanzeige schreiben

MERKE

Werbestrategie AIDA

Attention
(Aufmerksamkeit)
Interest
(Interesse)
Desire
(Wunsch)
Action
(Handlung/Kauf)

Schülerinnen und Schüler haben in einem Unterrichtsgespräch zur AIDA-Formel das Werbeplakat von UNICEF genauer untersucht. In Stichpunkten haben sie einige Äußerungen festgehalten:

H₂OFFNUNG

H_2OFFNUNG

Wir können den Durst an jedem Wasserhahn löschen. Über eine Milliarde Menschen können das nicht. Mädchen und Frauen brauchen täglich Stunden bis zum nächsten Tümpel oder Brunnen. Und können nur hoffen, dass das Wasser dort nicht verseucht ist. UNICEF baut Brunnen, damit Kinder sauberes Trinkwasser haben. Und nicht an Durchfall sterben. Helfen Sie UNICEF dabei. Spendenkonto 300 000, Bank für Sozialwirtschaft (BLZ 370 205 00). Oder über Spendenhotline 0137/300 000.

www.unicef.de
Kinderhilfswerk der Vereinten Nationen

- Ungewöhnliche Gestaltung, fällt deshalb auf
- Keine Abbildung, keine farbige Gestaltung
- Nur schwarzer Text auf weißem Hintergrund
- Fläche in obere und untere Hälfte aufgeteilt
- Oben Überschrift, Schlagzeile, fett gedruckt
- Unten Textblock und UNICEF-Zeichen (fett gedruckt)
- In Schlagzeile „HOFFNUNG" Wasserformel H_2O eingearbeitet
- Weckt Interesse für Zusammenhang: HOFFNUNG, H_2O und UNICEF
- Text erklärt Probleme mit Trinkwasserversorgung: Wasser von weit her, verseuchtes Wasser, Erkrankung und Tod von Kindern
- UNICEF baut Brunnen, ruft zu Spenden auf
- Bankverbindung und Spendenhotline
- Wunsch zum Helfen durch Spenden geweckt
- Anzeige funktioniert nach AIDA-Werbestrategie
- Kritik: zu viele Zahlen bei Spendenmöglichkeiten; kann man sich nicht merken, muss man aufschreiben

1 Aus den Stichpunkten ist der Text auf Seite 29 entstanden. Welche Stichpunkte findest du im Text wieder? Unterstreiche sie.

Du kannst auch Sätze von dem blauen Zettel (S. 29) verwenden.

2 Welche Stichpunkte fehlen noch im Text? Setze sie an den passenden Stellen in die Textlücken ein. Formuliere sie so um, dass sie zu dem vorangehenden und nachfolgenden Text passen.

3 Bist du mit der Bewertung am Schluss einverstanden? Verändere sie so, dass sie zu deiner Meinung passt (Zusatzblatt).

Zu einer Werbeanzeige schreiben

Es muss oft von weit her herangeschafft werden.

Das UNICEF-Zeichen ist ebenfalls fett gedruckt, aber kleiner als die Schlagzeile oben.

Viele Kinder erkranken und sterben an verseuchtem Wasser.

Bankverbindung und die Nummer einer Spendenhotline.

Man sieht nur eine weiße Fläche. Darauf ist in der unteren Hälfte in Schwarz ein ziemlich langer Text gedruckt.

Ich werde von der Anzeige angesprochen, weil sie ganz anders ist, als man es normalerweise von einer Werbeanzeige erwarten würde. Es gibt kein Bild und keine farbige Gestaltung.

Am oberen Rand sieht man eine Art Überschrift. Das ist ungewöhnlich und lenkt meine Aufmerksamkeit auf die Anzeige. Die fett gedruckte „Schlagzeile" weckt mein Interesse. Ich lese einerseits das Wort „HOFFNUNG", nehme aber gleichzeitig die chemische Formel für Wasser wahr: H_2O. Sie ist in den Wortanfang eingearbeitet. Dann fällt mein Blick auf das Zeichen des UN-Kinderhilfswerks UNICEF rechts unten.

Jetzt frage ich mich, was UNICEF, das Wort „HOFFNUNG" und das chemische Zeichen „H_2O" miteinander zu tun haben. Deshalb muss ich den Text lesen. Darin wird in einfachen, kurzen Sätzen erklärt, dass auf der Welt über eine Milliarde Menschen große Probleme haben, an sauberes Trinkwasser zu kommen.

Deshalb ruft UNICEF zu Spenden für den Bau von Brunnen auf. Am Schluss des Textes sind zwei Spendenmöglichkeiten angegeben:

Ich kann aus dem Text leicht verstehen, warum die Brunnen so wichtig sind. Vor allem finde ich es schlimm, dass Kinder an Durchfall sterben müssen. Wenn ich das durch eine Spende verhindern kann, möchte ich mich an dieser UNICEF-Aktion beteiligen. Insgesamt finde ich, dass die AIDA-Werbestrategie bei dieser Anzeige gut funktioniert. Sie ist ungewöhnlich gestaltet und informiert gut. Aber wenn ich sie in einer Zeitschrift oder auf einem Plakat sehen würde, könnte mein Wunsch zu spenden nicht so leicht zur „Action" führen. Ich müsste nämlich dann etwas zu schreiben bei mir haben, um mir die langen Kontoangaben oder die Hotline-Nummer aufschreiben zu können. Ich glaube, das könnte dazu führen, dass die Anzeige ihr Ziel nicht erreicht.

WERKSTATT
Schreiben

Arbeitsvorgänge aufschreiben

Köpfe aus Ytong-steinen gestalten

Mit farbiger Bemalung kann man den Gesichtsausdruck verstärken.

1 Im Kunstunterricht hat die 8c draußen auf dem Werkhof aus Ytongsteinen Köpfe gestaltet. Sieh dir die Zeichnungen genau an. Nenne die Arbeitsschritte, die du erkennst.

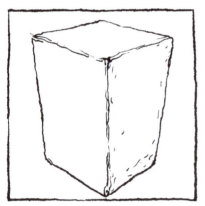

1 *Unbearbeiteter Ytongblock (aus dem Baumarkt)*

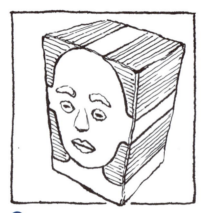

2 *Vorderansicht aufzeichnen*

3 *Fertige Vorderansicht*

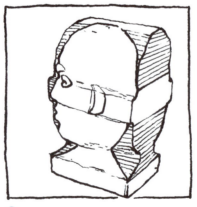

4 *Seitenansicht aufzeichnen*

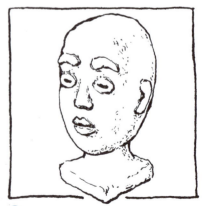

5 *Fertiger Kopf*

2 Damit du dir die einzelnen Arbeitsschritte, wie aus einem Ytongstein Schritt für Schritt eine Figur wird, noch genauer vorstellen kannst, lies die Stichpunkte auf dem Zettel (nächste Seite).

Arbeitsvorgänge aufschreiben

Aus kleineren Ytongplatten kann man ausdrucksstarke Gesichter herstellen.

- Vorderansicht des Kopfes mit Kreide auf eine Seite des Ytongblocks zeichnen. Ohren nicht vergessen!
- Stellen, die weggearbeitet werden müssen, ebenfalls markieren.
- Mit Ytongsäge, Hammer, Meißel und Riffelraspel die Kopfform gerade von vorne nach hinten herausarbeiten.
  Tipp: Mit dem Meißel nur kleine Brocken abschlagen, sonst brechen zu große Stücke ab oder der Meißel steckt fest.
- Die Seitenansicht des Kopfes auf eine Seite des Ytongblocks zeichnen; darauf achten, dass die Lage von Augen, Nase, Mund und Hals in der richtigen Höhe von der Vorderansicht übertragen wird.
- Stellen, die weggearbeitet werden müssen, ebenfalls markieren.
- Die Seitenansicht gerade von vorne nach hinten herausarbeiten.
- Vorderansicht und Seitenansicht abrunden und angleichen.
- Ohren herausarbeiten.
- Gesicht herausarbeiten.
  Tipp: Die Nasenspitze ist die höchste Stelle, die Augenhöhlen sind die tiefsten Stellen; deshalb zuerst links und rechts von der Nase den Stein abtragen.
- Eventuell noch Haare/Frisur/Kopfbedeckung herausarbeiten.
- Die Teile des Gesichts deutlich herausarbeiten; ruhig etwas übertreiben.
- Mit der Raspel und anschließend mit grobem Schmirgelpapier die gesamte Oberfläche glätten.
  Tipp: Den Kopf mit weißer Wandfarbe zusätzlich glätten; eventuell farbig bemalen.

Zuerst wird die
Vorderansicht ge-
zeichnet …
Du zeichnest zuerst
die Vorderansicht …
Zuerst zeichnet man
die Vorderansicht …
Zeichne zuerst die
Vorderansicht …

zuerst   danach
anschließend nun
im Anschluss daran
zum Schluss   jetzt …

3 Lege eine Material- und Werkzeugliste an und beschreibe mit Hilfe der Abbildungen und der Stichpunkte den Arbeitsvorgang ausführlich auf einem Zusatzblatt. Dabei können dir auch die folgenden Hinweise helfen:
– Achte auf die richtige Reihenfolge.
– Entscheide dich, welche Tipps du anwenden willst.
– Mache nach einzelnen Arbeitsschritten Absätze.
– Bei der Beschreibung stehen die Verben im Präsens. Du kannst aber zwischen verschiedenen Sprachformen wählen (blauer Zettel) oder sie sinnvoll kombinieren.
– Für die richtige Reihenfolge und für Abwechslung am Satzanfang kannst du verschiedene Zeitangaben verwenden (grüner Zettel).

WERKSTATT
Schreiben

Einen Text überarbeiten

1 Stefan ärgert sich schon lange darüber, dass das Rauchverbot an seiner Schule nicht konsequent eingehalten wird. Er macht sich in einem Beschwerdetext für die Schülerzeitung Luft.
Sein Text enthält viele Beispiele, aber nur ein Argument, mit dem er seine Beschwerde begründet. Unterstreiche es.

Rauchen ohne Rücksicht

Wenn an einer Tankstelle das Schild hängt „Rauchen verboten", hält sich jeder dran. Schließlich möchte man nicht umkommen, indem man mit der Tankstelle in die Luft fliegt. Wenn es aber an der Schule heißt „Rauchen verboten", scheint das allen völlig egal zu sein. Keiner hält sich dran. Ich finde, dagegen muss etwas unternommen werden. Denn die Minderheit der Raucher belästigt doch ohne Rücksicht alle, die nicht rauchen und den Qualm nicht ausstehen können. Ich hab jetzt wirklich die Nase voll. Wenn ich nur mal an die verqualmten Pausentoiletten denke. Da muss ich in der Pause nötig hin, werde aber von Rauchernebel fast erstickt. Ich habe schon jüngere Schüler gesehen, die sich hinter den Büschen ihre Ersatztoilette gesucht haben, sie halten den Nikotingestank einfach nicht mehr aus. Ich mag da gar nicht hinsehen: In den Toiletten- und Waschbecken ist alles voller Kippen. An den Wänden und auf dem Fußboden gibt es gelbe und schwarze Brandstellen von ausgedrückten Zigaretten. Toilettenpapier-Rollen sind angebrannt, Plastikteile angeschmort. Es stinkt fürchterlich nach Zigarettenrauch und man kann da nicht atmen. Alles wird verdreckt. Ich will nicht immer von dem Qualm der Raucher mitrauchen. Und ich kann mir das alles nicht ansehen. Überall liegen Kippen herum. Und es stinkt.
Das wollte ich mal sagen.   Stefan Thüns

Jüngere Schüler nehmen sich die Raucher zum Vorbild und fangen früh selbst an zu rauchen.

Die Raucher verbreiten im Klassenraum einen unangenehmen Geruch.

Rauchen ist im jugendlichen Alter besonders gesundheitsschädlich.

Die Strafen für erwischte Raucher sind nicht abschreckend genug.

---

2 Stefan lässt zwar ordentlich Dampf ab, aber seine Beschwerde hat noch einige Mängel. Überarbeite den Text. Du kannst Stefans Einleitung übernehmen oder eine neue formulieren. Beachte die folgenden Tipps:
– Streiche in Stefans Text Beispiele, die sich wiederholen oder die dir nicht ganz passend erscheinen.
– Suche weitere Argumente, die Stefans Anliegen unterstützen können. Du kannst geeignete Argumente von dem blauen Zettel auswählen, aber auch eigene ergänzen.
– Verdeutliche die Argumente mit Beispielen oder Beweisen.
– Verknüpfe die Argumente durch einleitende oder überleitende Formulierungen. Einige Beispiele findest du auf dem grünen Zettel.
– Schreibe deutlich und gliedere deinen Text übersichtlich in Abschnitte.

Manche Ärzte/Eltern/
  Lehrer sagen …
Man hört oft …
Ich denke …
Nach meiner
  Erfahrung …
außerdem   denn
besonders aber
am wichtigsten finde
  ich

Einen Text überarbeiten

Meine Textüberarbeitung:

_____

_____

_____

_____

_____

_____

_____

_____

_____

_____

_____

_____

_____

_____

_____

_____

_____

MERKE

Fragen-Check:

a) Wird deutlich, was ich ausdrücken wollte?

b) Habe ich Wörter vergessen? Ist jedes Wort gut lesbar?

c) Ist mein Text übersichtlich geschrieben? Habe ich Abschnitte gemacht?

d) Sind meine Verbesserungen und Ergänzungen eindeutig und gut verständlich?

---

3 Bevor du deinen Text zur Überprüfung an einen Partner weitergibst, sieh ihn selbst mehrmals durch und beantworte den Fragen-Check.

4 Schreibe hier für deinen Partner kurz auf, worauf es dir bei der Überarbeitung ankam und worauf er beim Kontrolllesen besonders achten soll:

_____

_____

5 Gib jetzt deinen Text zur Durchsicht an einen Partner. Er kann für seine Beobachtungen und Überarbeitungsvorschläge die folgende Tabelle auf ein Blatt übertragen:

Das gefällt mir an deinem Text:	Das finde ich nicht so gut:	Mein Überarbeitungsvorschlag:

WERKSTATT
Rechtschreiben

Rechtschreibstrategien wiederholen

Im 5.-7. Schuljahr hast du wichtige Rechtschreibhilfen und -regeln kennen gelernt und mit ihnen geübt. Wenn du beim Schreiben einen Text kontrollierst und unsicher bist, wie ein Wort geschrieben wird, überlege, welche Rechtschreibhilfe weiterhilft, um Fehler zu vermeiden. In der Randspalte findest du einige dieser Tipps.

Löse die Aufgaben dieser und der folgenden Seite am besten in einem Rechtschreibgespräch mit einem Partner/einer Partnerin oder in der Gruppe.

Tipp 1: *Rechtschreibprobleme lassen sich manchmal lösen, wenn man in einem Wort überprüft, aus welchen einzelnen Bausteinen es besteht.*

1 Lies die folgenden Wörter. Mache durch einen Querstrich auf die einzelnen Wortbausteine aufmerksam:

die Fress|sucht   das Schritttempo   die Kunststofffabrik   das Pappplakat mitteilen   zerreißen   aussperren   auffassen   enttäuschen überraschen   unnütz   aussichtslos   mitteilsam   vorrangig beeinflussbar   erregt

Tipp 2: *l, m, n ... – einfach oder doppelt? Zerlege das Wort in Silben. Überprüfe, ob die betonte Silbe geschlossen oder offen ist, ob der Vokal kurz oder lang gesprochen werden muss.*

2 Streiche den falschen Buchstaben durch:

die Bett/ten – sie bett/ten   die Ratt/ten – sie rat/tten die Ross/se (Blume) – die Ro ss/se (Pferde)   die Schlaff/fen – schlaff/fen die Nass/se – nass/se   der Off/fen – off/fen   ihr soll/lt – der Soll/ld die Hütt/ten (Häuser) – die Hütt/te (Kopfbedeckungen) die Quall/len (Meerestiere) – die Quall/len (Schmerzen)

Tipp 3: *Verlängere einsilbige Wörter um eine Silbe.*

3 Streiche den falschen Buchstaben durch:

du hep/bst   er lok/g   sie bewek/gt   er ließ/st   sie schop/b das Glaß/s   er renn/nt   sie kamm/m   sie stell/lt   er brüll/lt es knall/lt   der Kamm/m   du gräp/bst   sie briet/d   bunt/d er mak/g   du brink/gst   lank/g   der Hals/ß   der Beweis/ß der Kreiß/s   das Gleis/ß

Tipp 4: *Trenne den Wortteil mit dem Problembuchstaben ab und verlängere ihn um eine Silbe.*

4 Streiche den falschen Buchstaben durch:

bren/nnbar   die Blaß/smusik   der Wep/bstuhl   les/ßbar   farp/blos/ß der Gedult/dsfaden   die Bremß/sspur   wasserlös/ßlich   kreis/ßrunt/d die Lop/brede   trüp/bselig   der Graß/shalm   der Rund/tlauf

Rechtschreibstrategien wiederholen

Tipp 5: *ä oder e?*
äu oder eu?
Suche hilfreiche verwandte
Wortformen.

5 Streiche den falschen Buchstaben durch:

großflä/echig   das Rä/etsel   täu/euer   äu/eußerlich   bedäu/eutend
die Beläu/euchtung   die Kräu/euter   sich rä/echen   es läu/euchtet
drä/engen   das Zä/elt   erklä/eren   der Bräu/eutigam   die Mä/enge

Tipp 6: *Wal oder Wahl?*
Denke an die Bedeutung
der Wörter.

6 Setze die passenden Wörter aus der Randspalte ein. Manchmal musst du
ihre Form verändern:

mehr/Meer   Er möchte nie _____ mit dem Schiff aufs _____.

war/wahr   Ob die Geschichte wohl _____ _____.

Lärche/Lerche   Die _____ sitzt in der _____ und singt.

mahlen/malen   Er _____ einen Müller, der das Korn zu Mehl _____.

hast/gehasst   Du _____ ihn wohl sehr _____.

Stämme/stemme   Er _____ dicke _____.

Tipp 7: *Wenn die betonte*
Silbe mit einem Vokal endet,
dann steht ein ß.
Beispiel: Spä̰ß̰ḛ.
au, ei und ie gehören zu den
Vokalen. Nach ihnen steht
also niemals ein ss!

7 Streiche den falschen Buchstaben durch:

das Maß/ss   der Gruß/ss   der Fluß/ss   der Fuß/ss   der Spieß/ssbürger
die Biß/sswunde   beeinfluß/sst   die Auffaß/ssung

8 **s, ss oder ß?** Ergänze den fehlenden Buchstaben:

Wasser   Wa___er ist die Flü___igkeit, die auf der Erde am häufigsten vor-
kommt. Fast drei Viertel der Erdoberfläche ist mit Wa___er bedeckt,
das sich in einem Krei___lauf von Verdunstung, Niederschlag,
Flu___- und Grundwasser (Sü___wasser) sowie Meerwasser (Salz-
wasser) befindet. Als Ei___, Schnee und Hagel bildet es feste
Körper; in den Meeren, Seen und Flü___en ist es flü___ig; als
Wa___erdampf ist es ga___förmig.

Der Mensch kann in äu___ersten Notfällen bis zu einem Monat lang
hungern, während beim Fehlen jeglicher Wa___eraufnahme der
Tod bereits nach wenigen Tagen eintritt. Wa___er ist für unsere Ver-
dauung unentbehrlich; denn in Wa___er gelö___te Stoffe können
aus dem Darm ins Blut und damit in unseren Körper gelangen.
Schädliche Stoffe müssen andererseits wieder ausgesto___en werden. Zum Kochen des E___ens und zum Reinigen unserer Haut,
unserer Kleider und der Wohnung ist es ebenfalls nicht zu ersetzen.

WERKSTATT
Rechtschreiben

Rechtschreibstrategien wiederholen

1 *tot* oder *tod*? Beim Schreiben von Wörtern mit diesen Wortbausteinen kommt es immer wieder zu Fehlern. Ordne die Wörter von dem blauen Zettel in die richtige Spalte der Tabelle ein.

Nomen	Adjektive	Verben

Todfeind
todkrank
totlachen
Atomtod
todelend
totschlagen
totschweigen
todtraurig
Todsünde

2 Ergänze jede Spalte mit Hilfe des Wörterbuches um mindestens drei weitere Wörter.

3 Markiere den gemeinsamen Wortbaustein und formuliere eine Rechtschreibhilfe (Faustregel):

_____

_____

_____

4 Bilde mit einigen Wörtern der Tabelle Sätze (Zusatzblatt).

5 Von den folgenden Fremdwörtern sind sechs falsch geschrieben. Schlage alle Wörter im Wörterbuch nach. Streiche die falsch geschriebenen Wörter durch und schreibe sie richtig auf.

*Rhinozeros   Allbatros   Diskus   Uckas   Mannequin   Ingenieur   Sheriff
Philosophie   Journalist   Jazz   Champignon   Physick   diskret
Mathematik   Püree   Zenit   Ventiel   Mollekül   Bilanz   Glosbuss*

_____

_____

_____

Fremdwörter

1 Nomen, die aus anderen Sprachen zu uns gekommen sind, haben häufig die Vorsilben *Pro-, Kon-, Re-* oder *Inter-*.
Lies die Erklärung und probiere aus, welche Vorsilbe passt. Kontrolliere mit dem Wörterbuch und trage sie in die Tabelle ein.

1.	Niederschrift einer Aussage	tokoll
2.	Gegenwirkung, Rückwirkung	aktion
3.	Auslegung, Textdeutung	pretation
4.	Erdteil, Festland	tinent
5.	öffentliche Musikaufführung	zert
6.	zeitlicher Abstand, Abstand zwischen den Tönen	vall
7.	Werbeschrift mit Bildern	spekt
8.	Verzicht, Entmutigung	signation
9.	Widerhall, Mitschwingen, Mittönen	sonanz
10.	schön angelegter Spazierweg	menade
11.	Überwachung, Prüfung	trolle
12.	Auseinandersetzung, Widerstreit der Motive	flikt
13.	Anteilnahme, Aufmerksamkeit, Beachtung	esse
14.	Schule mit angeschlossenem Heim	nat
15.	Erzeugnis, Ergebnis	dukt
16.	Ergebnis, Erfolg	sultat

2 Bilde aus den Adjektiven Nomen und schreibe sie in die rechte Spalte.
Beschreibe, was sich bei der Bildung der Nomen verändert.
Schlage die unbekannten Wörter im Wörterbuch nach.

abstinent	
arrogant	
brillant	
brisant	
intelligent	
kompetent	
konsequent	
präsent	
tolerant	

WERKSTATT
Rechtschreiben

Fremdwörter

1. Bilde mit den Silben, die auf den Zetteln stehen, zwölf Fremdwörter: mit den Silben des grünen Zettels sechs Nomen und mit den Silben des blauen Zettels sechs Adjektive.
Ordne die Fremdwörter jeweils der deutschen Bedeutung zu.

ATH	IN	KEL	KON
LET	LI	MA	QUA
SI	STINKT	TAKT	
TÄT	TION	TUA	

AL	EF	FEK	FEKT
GA	GE	GENT	IN
LI	NE	NI	PER	PRÄ
TEL	TIV	TIV	ZISE

Berührung: _____   schlecht: _____

Sportler: _____   vollendet: _____

Lage: _____   klug: _____

Brauchbarkeit: _____   wirksam: _____

Gespür: _____   überlegen: _____

Schande: _____   genau: _____

2. Ergänze in dem folgenden Text die Satz- und Wortlücken mit einem passenden Fremdwort der Aufgabe 1. Die Endungen der Wörter können sich dabei ändern.

Ein Spitzenfußballer

So urteilt die Lokalpresse über unseren Mitschüler Gerd Meier aus der Klasse 8c:

Gerd ist für sein Alter sehr ballsicher, hat ein _____ Spielverständnis und ein _____ Auge. Er schlägt _____ Pässe und hat während des Spiels viele Ball _____. Für einen Mittelfeld _____ hat Gerd einen guten Tor _____. Er begreift eine _____ rascher als andere und zeigt durchaus Führungs _____. Er ist ein _____ Spieler, der während des Spiels nie _____ auffällt.

Sein Spiel ist fast ohne _____.

Fremdwörter

Für die Rechtschreibung von Fremdwörtern gibt es Tipps, die helfen, sich ihre Schreibweise besser einzuprägen:

Tipp 1: *Fremdwörter schreibt man selten mit ck, sondern meist mit k. Beispiel:* **Physik**.

Tipp 2: *In Fremdwörtern wird der Konsonant häufig verdoppelt. Beispiel:* **Konkurrent**.

Tipp 3: *Fremdwörter enden häufig auf ie. Beispiel:* **Chemie**.

3 Ordne die Wörter aus Aufgabe 1 (Seite 37) in die passende Spalte ein:

Wortbeispiele zu Tipp 1	Wortbeispiele zu Tipp 2	Wortbeispiele zu Tipp 3

die Batterie
der Effekt
die Panik
die Garantie
die Industrie
die Klinik
das Kotelett
die Kritik
die Alchimie
das Modell
das Quartett
das Tablett

4 Ergänze die Tabelle zu Aufgabe 3 mit den Wörtern des blauen Zettels. Manche lassen sich mehrfach einordnen.

5 Bilde mit den Nomen des grünen Zettels Verben mit der Endung *-ieren*. Bilde mit einigen Verben Sätze (Zusatzblatt).

der Trainer
die Frisur
die Kritik
das Risiko
die Fantasie
das Modell

WERKSTATT

Rechtschreiben

Groß oder klein?

1 In den folgenden Sätzen sind nur die Satzanfänge großgeschrieben. Korrigiere die Anfangsbuchstaben der Nomen in Großbuchstaben. Überprüfe anschließend alle Sätze mit den Angaben im Lösungsteil und berichtige falsche Entscheidungen sofort.

Aufgeschnappt

Glaubt diesem *G*/gequatsche über eine kürzung der ferien nicht.

Sein ständiges reden über die wichtigkeit von bewegung geht vielen allmählich auf die nerven.

Die freude am tischtennisspielen habt ihr ihm durch eure verspottungen und euer ständiges ärgern verdorben.

Beim diskutieren der vorschläge zur verlängerung der pausen gab es während der lehrerkonferenz grundsätzliche bedenken.

Gutes benehmen und ein ordentliches auftreten ist für viele eine selbstverständlichkeit und muss nicht auch noch durch ständiges wiederholen eingeübt werden.

MERKE

Nomen werden häufig begleitet durch

a einen Artikel: _____

b ein Possessiv- oder Demonstrativpronomen: _____

c eine Präposition mit verstecktem Artikel: _____

d ein Adjektiv: _____

---

2 Suche aus den Sätzen oben zu jeder Möglichkeit **a** bis **e** drei Beispiele und schreibe sie mit ihrem Begleiter richtig dahinter.

3 Löse nun die folgenden Aufgaben zu den Sätzen der Aufgabe 1:
– Nomen erkennt man manchmal auch an den Wortbausteinen *-heit*, *-keit*, *-ung*, *-nis* usw. Unterstreiche diese Wortbausteine farbig.
– Einige Verben sind zu Nomen geworden. Kreise sie mit ihren Begleitern ein.

Groß oder klein?

1 Was bedeuten die folgenden Redewendungen? Welche werden heute noch benutzt? Unterhalte dich mit einem Partner darüber. Nehmt die Bedeutungsangaben auf dem grünen Zettel zu Hilfe.

- nicht das Vorteilhafteste
- so gesund und unbeschwert wie heute
- leben, ohne sich einzuschränken
- sich mit ganzer Kraft einsetzen
- eine positive Seite haben
- seine Reserven aufgebraucht haben
- ohne Ziel planen
- etwas heimlich tun
- im Allgemeinen, insgesamt
- noch einmal von vorn
- Unmögliches versprechen

a nicht das Gelbe vom Ei
b im Großen und Ganzen
c aus dem Vollen leben
d ins Blaue planen
e auf dem Trockenen sitzen
f etwas im Geheimen tun
g auf ein Neues
h sein Gutes haben
i das Blaue vom Himmel versprechen
j in die Vollen gehen
k in alter Frische

2 In den Redewendungen sind Adjektive als Nomen gebraucht. Schreibe jeweils das Adjektiv in nominalisierter Form mit Begleiter und das ursprüngliche Adjektiv als Wortpaar auf:

das Gelbe – gelb,
_____

_____

_____

_____

3 Vergleiche die Endungen der Wortpaare. Was stellst du fest? Vergleiche deine Lösung anschließend mit der im Lösungsteil.

4 Welche unterschiedlichen Begleiter der Nomen in Aufgabe 2 kommen vor? Schreibe sie hier auf:

das, im,
_____

_____

5 Bilde mit verschiedenen Begleitern und den Adjektiven des blauen Zettels einige Nomen. Unterstreiche anschließend Begleiter und Endung des Nomens.

ein Hungriger,
_____

hungrig   eintönig
ratlos   grob
glücklos   interessant
satt   nah   rot

_____

_____

WERKSTATT

Rechtschreiben

Groß oder klein?

> **MERKE**
>
> Die Höflichkeitsanrede „Sie" wird in all ihren Formen großgeschrieben.
> Beispiel: *Wir danken Ihnen, dass Sie es uns gestatten, in Ihrem Betrieb eine Betriebsbesichtigung zu machen.*

Fragen – auf die Großschreibung kommt es an!

> Haben sie Sie in ihr Auto steigen sehen?

> Haben sie Sie in Ihr Auto steigen sehen?

> Haben Sie sie in Ihr Auto steigen sehen?

> Haben Sie sie in ihr Auto steigen sehen?

a Herr Müller, haben Sie gesehen, wie Ihre Nachbarn, die Meiers, in Ihr Auto gestiegen sind?

_____

b Oder ist es vielleicht so, dass die Meiers gesehen haben, wie Sie, Herr Müller, in das Auto Ihrer Nachbarn gestiegen sind?

_____

c Herr Müller, Sie sind sich jetzt sicher, dass Ihre Nachbarn genau gesehen haben, wie Sie in Ihr eigenes Fahrzeug gestiegen sind?

_____

d Ist es nicht so, Herr Müller, dass Sie genau gesehen haben, wie die Meiers in ihr eigenes Auto gestiegen sind?

_____

1 Ordne den Fragen **a**-**d** die passende Frage aus den Sprechblasen zu und schreibe sie auf die Schreiblinie darunter. Du musst genau überlegen, auf wen sich das *Sie* oder *sie*, das *Ihr, Ihrer, Ihres* oder *ihr* bezieht.

2 Groß oder klein? Setze im folgenden Witz die fehlenden Buchstaben in der richtigen Schreibweise ein.

Der Lehrer zum Vater von Zwillingen: „Mit ____hren Kindern ist das ein rechtes Kreuz, beim Diktat machen ____ie immer wieder die gleichen Fehler. „Nun ja", sagt der Vater, „wenigstens haben ____ie ein gutes Gedächtnis!"

Groß oder klein?

1 Setze die Wörter aus der Randspalte in die Satzlücken ein. Sie werden mal klein- und mal großgeschrieben.

NACHDENKEN Du musst bei der Lösung der Aufgaben gut _____.

Mir blieb kaum Zeit zum _____.

Bei der Unruhe fällt mir das _____ schwer.

WANDERN An Straßen zu _____, macht keinen Spaß.

Das _____ entlang von Straßen lehne ich ab.

Fürs _____ braucht man geeignete Schuhe.

NEU Für viele war die Information _____.

Die _____ müssen sich erst einfinden.

Das _____ ist nicht immer auch erfreulich.

Gerade kommt eine _____ E-Mail.

Steht im Brief etwas _____?

> *Denke daran: Bei Adjektiven kann sich die Endung ändern!*

2 Überlege, welche Wörter in dem folgenden Gespräch groß- oder kleingeschrieben werden. Bei den unterstrichenen Wörtern musst du besonders gut aufpassen.

Gelauscht ...

Hallo, wie geht es ihnen?
Danke, ich fühle mich ganz in ordnung. – Und ihnen?
Ich fühle mich gut. Was gibt es neues?
Noch ist nichts überraschendes passiert; aber es liegt etwas in der luft.
Was steht bevor? Droht etwas? Nun lassen sie mal die kirche im dorf.
Ich übertreibe schon nicht! – Es steht was auf dem spiel.
Was soll zunichtegemacht werden?
Abwarten und tee trinken!
Ich soll mich gedulden? Lassen sie endlich die katze aus dem sack!
Ich habe gehört, sie will ihm den laufpass geben.
Von ihm will sie sich trennen? – Da bin ich aber von den socken!
Sind sie wirklich überrascht?
Da bleibt mir glatt die spucke weg.
Jetzt sind sie wohl sprachlos ...

WERKSTATT
Rechtschreiben

Groß oder klein?

MERKE

Groß schreibt man
– **Wochentagsnamen und Tageszeiten**: *Montag, Dienstag, der Abend …*
– **zusammengesetzte Zeitangaben**: *am Montagabend …*
– **Tageszeiten nach den Adverbien** *heute, gestern, vorgestern, morgen, übermorgen: heute Mittag, gestern Abend …*

Klein schreibt man
– **Zeitangaben mit *s***: *morgens, montags morgens, montagmorgens …*
– **Zeitadverbien**: *heute, gestern, früh, morgen, übermorgen, spät …*
– **Uhrzeitangaben**: *um halb zwölf, (ein) Viertel nach sechs …*

---

1 Ergänze die jeweils entsprechende Zeitangabe, die mal klein- oder mal großgeschrieben werden soll.

groß	→ klein	klein	→ groß
Dienstag	dienstags	täglich	jeden Tag
der Abend		tags darauf	am
am Nachmittag		mittags	am
in der Nacht		samstagabends	am
am Montagabend		jährlich	jedes

2 Schreibe die Zeitangaben der Reihe nach richtig in die Satzlücken:

„Hi, können wir unseren Termin auf _____ verschieben?"

„Da _____ _____ ist, wäre das

_____. Mir wäre _____

gegen _____ lieber."

„Gut, ich bin gegen _____ da.

Und du warst _____ schon so _____

unterwegs?" „Ja, ich mache regelmäßig _____

eine längere Fahrradtour. Tschüss, bis _____.

Nein, bis _____!"

DIENSTAG
HEUTE
SONNTAG
ÜBERMORGEN
MITTWOCHS
MITTAG
VIERTEL VOR ZWÖLF
HEUTE MORGEN
FRÜH
SONNTAGSMORGENS
MORGEN
DIENSTAGMITTAG

Getrennt oder zusammen?

Verb + Verb	**Verbindungen aus zwei Verben** werden getrennt geschrieben.

Verbindungen aus zwei Verben werden getrennt geschrieben.
Beispiel: *Wir haben ihn nach Hause gehen lassen.*

Nur wenn eine übertragene Bedeutung vorliegt, ist bei Verbindungen mit *bleiben*
und *lassen* als zweitem Bestandteil auch Zusammenschreibung möglich.
Beispiel: *Du sollst dich nicht gleich so gehen lassen/gehenlassen.*

Auch die Verbindung *kennen lernen* kannst du getrennt oder zusammenschrei-
ben: *Dich möchte ich kennen lernen/kennenlernen.*

1 Setze die Verben in die Satzlücken ein. Wenn eine Doppelschreibung
möglich ist, schreibe beide Möglichkeiten auf. Begründe deine Entscheidung
mit der Regel.

gehen?lassen   **a** Unser Lehrer hat uns allein _____.

stehen?bleiben   **b** Irgendwann wird die Uhr _____.

steigen?lassen   **c** Morgen werden wir eine Party _____.

gehen?lassen   **d** Du sollst dich nicht bei jeder Kleinigkeit so _____.

spazieren?gehen   **e** Am Wochenende wollen wir zusammen _____.

kennen?lernen   **f** Ich werde sie noch rechtzeitig _____.

2 Zu welchen der folgenden fett gedruckten Ausdrücke gibt es eine weitere
Schreibweise? Ergänze sie.

a Ich habe den Teller **fallen lassen**. _____

b Er hat die Maske **fallen lassen** (= sein wahres Gesicht gezeigt). _____

c Er hat eine Bemerkung **fallen lassen** (= gemacht). _____

d Wir sind auf der Bank **sitzen geblieben**. _____

e Sie ist in der Schule **sitzen geblieben** (= nicht versetzt worden). _____

f Wir sind auf den Blumen **sitzen geblieben** (= haben sie nicht verkauft). _____

g Er hat sie neben sich auf der Bank **sitzen lassen**. _____

h Als er Hilfe brauchte, habe ich ihn **sitzen lassen** (= ihm nicht geholfen). _____

WERKSTATT
Rechtschreiben

Getrennt oder zusammen?

Adjektiv + Verb

> **Verbindungen aus Adjektiv und Verb** werden immer dann zusammengeschrieben, wenn dabei ein Wort mit neuer Bedeutung entsteht. Die Betonung liegt auf dem ersten Bestandteil des Wortes (auf dem Adjektiv).

1 Wende die Regel an und schreibe die Wortverbindungen der Randspalte richtig in die Satzlücken. Manchmal musst du die Form ändern.
Führe als Entscheidungshilfe und zur Überprüfung auch die Betonungsprobe durch und unterstreiche den betonten Wortbaustein.

leicht?fallen   **a** Auf diesen glatten Fliesen kann man _____.

flüssig?lesen   **b** Auch fremde Texte kann Tanja _____.

kürzer?treten   **c** Ich habe nur wenig Geld, deshalb muss ich _____.

groß?schreiben   **d** Nomen muss man immer _____.

näher?kommen   **e** Der Termin der Arbeit wird immer _____.

krumm?lachen   **f** Da musste ich mich mal wieder _____.

nahe?bringen   **g** Er wird ihm den Sachverhalt schon _____.

tot?arbeiten   **h** Er wird sich bestimmt nicht _____.

falsch?liegen   **i** Mit dieser Ansicht kannst du auch _____.

flach?fallen   **j** Der heutige Termin muss leider _____.

genau?nehmen   **k** Diese Arbeit sollen wir unbedingt _____.

gerade?stehen   **l** Für unseren Unfug müssen wir jetzt _____.

offen?bleiben   **m** Die Tür soll bitte _____!

2 Nutze einige Wortverbindungen der Randspalte nun in kurzen Sätzen, und zwar so, dass sie statt zusammen- getrennt geschrieben oder statt getrennt zusammengeschrieben werden müssen. Beispiel:
Getrennt: *Auf diesen glatten Fliesen kann man leicht fallen.*
Zusammen: *Die Arbeit ist mir leichtgefallen.*

Überprüfe die Rechtschreibung mit der Regel im Merkkasten und mit dem Wörterbuch. Löse die Aufgabe auf einem Zusatzblatt.

Zeichensetzung bei wörtlicher Rede

Wenn der Begleitsatz vorn steht, folgt immer ein Doppelpunkt!

Wenn mit wörtlicher Rede begonnen wird, wird sie immer mit einem Komma vom Begleitsatz abgetrennt. Bei einer Frage und einem Befehl bleiben Frage- und Ausrufezeichen erhalten.

MERKE

Vor und hinter der wörtlichen Rede steht jeweils ein Anführungszeichen. Die wörtliche Rede kann von einem Begleitsatz eingeleitet, abgeschlossen oder unterbrochen werden.

Der Begleitsatz leitet die wörtliche Rede ein:	Er sagte: „Ich fahre.“ Sie fragte: „Wann fährst du?“ Er rief: „Ich fahre sofort los!“
Der Begleitsatz schließt die wörtliche Rede ab:	„Ich fahre“, sagte er. „Wann fährst du?“, fragte sie. „Ich fahre sofort los!“, rief er.

Der Begleitsatz unterbricht die wörtliche Rede:
„Ich fahre jetzt los“, antwortete er, „und bringe den Hund mit.“
„Willst du etwa“, fragte sie, „den großen Hund mitbringen?“
„Lass den Hund da“, forderte sie, „und bring Kuchen mit!“

1 Unterstreiche in den Beispielsätzen des Regelkastens jeweils den Begleitsatz und unterschlängele den Redesatz.

2 Trage die fehlenden Satzzeichen in die beiden folgenden Witze ein. Unterstreiche die Begleitsätze und unterschlängele die Redesätze. Begründe die Zeichensetzung mit den Angaben im Regelkasten.

Können Fische eigentlich auch schlafen   fragt Peter Natascha.
Natürlich   antwortet sie   wozu gibt es sonst ein Flussbett

Der Lehrer spricht ausführlich über die Gefährlichkeit von Seuchen. Da bemerkt er, dass Fritz wieder mal geschlafen hat.
Na, Fritz   weckt er ihn unsanft   was sind denn nun Seuchen   Fritz blinzelt verschlafen   Seuchen? Das sind kleine Säue, Herr Lehrer

3 Unterschlängele in dem folgenden Witz die Redesätze. Schreibe ihn dann mit allen nötigen Zeichen auf. Beachte die Großschreibung der Satzanfänge.

na, Bernd, was macht ihr denn gerade im Unterricht fragt der Vater aufmunternd ach, Bruchrechnung wir suchen den Nenner antwortet Bernd was sagt der Vater hat man den immer noch nicht gefunden den haben wir doch schon damals zu meiner Zeit gesucht

4 Forme den folgenden Witz so um, dass aus der indirekten Redewiedergabe Sätze mit wörtlicher Rede werden. Arbeite auf einem Zusatzblatt.

Tom kommt mit dem Zeugnis nach Hause. Die Mutter ist entsetzt und sagt, dass ihr das Zeugnis ganz und gar nicht gefalle. Ihm gefalle es auch nicht. Aber wenigstens hätten sie den gleichen Geschmack, meint daraufhin Tom.

WERKSTATT
Rechtschreiben

Das Komma zwischen Hauptsatz und Nebensatz

> **MERKE**
>
> Nebensätze erkennt man
> – an den Konjunktionen, durch die sie eingeleitet werden: *dass, weil, da, wenn ...*
> – daran, dass das Verb am Ende des Satzes steht.
>
> Nebensätze können einem Hauptsatz vorausgehen, sie können ihm nachfolgen oder in ihn eingeschoben sein:
>
> *Wenn man durch eine Stadt geht*, begegnen einem überall Graffiti.
> Überall begegnen einem Graffiti, *wenn man durch eine Stadt geht*.
> Überall begegnen einem, *wenn man durch eine Stadt geht*, Graffiti.

1 Verbinde die beiden Hauptsätze jeweils zu einem Satzgefüge:
– Der zweite Satz soll immer zum Nebensatz werden.
– Verwende die in den Klammern angegebenen Konjunktionen.
– Setze zwischen Haupt- und Nebensatz das Komma.

Das Schulschwänzen – ein Kavaliersdelikt?

Fast jeder probiert es im Laufe seiner Schulzeit aus, dass er die Schule schwänzt.
Fast jeder probiert es im Laufe seiner Schulzeit aus. Er schwänzt die Schule. *(dass)*

Einige bekommen mit dem Schwänzen ein Problem. Es wird zum Selbstläufer. *(wenn)*

Es hat meistens mehrere Gründe. Das Schulschwänzen wiederholt sich häufig. *(dass)*

Manche kommen nicht zur Schule. Sie wollen sich keine schlechten Noten einhandeln. *(da)*

Andere vertreiben sich die Zeit im Kaufhaus. Sie werden nicht schikaniert. *(damit)*

Andere fürchten sich davor. Sie werden von Lehrern getadelt. *(dass)*

Schulschwänzer machen immer weiter. Keiner setzt ihnen Grenzen. *(falls)*

Viele Schulen informieren deshalb sofort die Eltern. Das Schwänzen wiederholt sich nicht. *(damit)*

So bleibt es in den meisten Fällen beim Kavaliersdelikt. Alle sind vernünftig. *(wenn)*

Das Komma zwischen Hauptsatz und Nebensatz

Vergiss nicht: Zwischen Hauptsatz und Nebensatz steht ein Komma!

2 Verbinde die beiden Hauptsätze, die unter den Schreiblinien stehen, jeweils so, dass ein Hauptsatz mit Nebensatz entsteht. Dabei ist meistens der Nebensatz nachgestellt, aber zweimal ist er vorangestellt.

Folgende Konjunktionen kannst du verwenden: *da, dass, sodass, weil, wenn, weshalb, wie, wobei.*

Hunde und Skater

<u>Hunde jagen hinter allem her, wenn sie nicht an der Leine geführt werden.</u>
Hunde jagen hinter allem her. Sie werden nicht an der Leine geführt.

_____
Skater sind sich schnell bewegende Wesen. Hunde betrachten sie als Jagdobjekte.

_____
Es kommt zu einer Begegnung von Skatern und frei laufenden Hunden. Es kann Probleme geben.

_____
Das Hundeherrchen ist darauf oft nicht vorbereitet. Sein Tierchen ist sonst lammfromm.

_____
Ein Skater flitzt an einem Hund vorbei. Im Hund wird der Jagdinstinkt geweckt.

_____
Der wird manchmal ganz plötzlich wach. Auch das Herrchen ist davon überrascht.

_____
Der ruft seinem Liebling ein „Sitz!" zu. Der versteht das dann wohl als „Flitz!"

_____
Jedenfalls ist der Jagdinstinkt so stark. Herr und Hund lassen es sich selbst oft nicht träumen.

_____
Der Skater andererseits wird vom Fluchtinstinkt getrieben. Er fühlt sich gejagt.

_____
So kommt es zur Konfrontation zweier Instinkte. Das passiert ja öfter.

_____
Der Konflikt ist nur dadurch zu lösen: Der Skater bleibt stehen oder ist schneller.

_____
Natürlich hast du gemerkt: Der Text ist ziemlich ironisch.

WERKSTATT
Rechtschreiben

Das Komma zwischen Hauptsatz und Nebensatz

MERKE

Auch ein indirekter Fragesatz wird durch ein Komma vom Hauptsatz abgetrennt.
Der Fragesatz kann dabei hinter oder vor dem Hauptsatz stehen. Beispiel:
Ich wüsste gern, was während einer Betriebsbesichtigung passiert.
Was während einer Betriebsbesichtigung passiert, wüsste ich gern.

1 Verbinde die Satzanfänge in den Sprechblasen mit den Fragen auf dem Zettel zu einem Satzgefüge. Entscheide, ob der indirekte Fragesatz vor oder hinter dem Hauptsatz stehen soll. Das Komma nicht vergessen!
Unterstreiche anschließend die Nebensätze (indirekten Fragesätze).

Es interessiert mich …

Ich frage mich …

Ich möchte gern Bescheid wissen ….

Wir legen fest …

Wir wollen herausfinden …

Ich wüsste gern …

Was passiert während einer Betriebsbesichtigung?
Wer macht den Betrieb ausfindig?
Wie formuliert ihr die Einladung?
Wie erreicht ihr das Ziel?
Was interessiert euch am meisten?
Welche Fragen wollt ihr stellen?
Dürfen wir im Betrieb fotografieren?
Wer stellt die Fragen und notiert die Antworten?
Wer schreibt das Protokoll?
In welcher Form wollt ihr euch bedanken?

Das Komma zwischen Hauptsatz und Nebensatz

MERKE

Nebensätze können auch mit Relativpronomen eingeleitet werden.
Relativsätze werden von den Hauptsätzen durch Kommas abgetrennt.

Beispiel:
*In Großbritannien muss jemand, der seine Krokodile, Würgeschlangen,
Schnappschildkröten oder andere Reptilien entlaufen lässt, für die Kosten,
die das Einfangen der Tiere verursacht, selbst aufkommen.*

1 Unterstreiche im Beispielsatz des Regelkastens die Nebensätze, mit denen
hier die Wörter **jemand** und **Kosten** näher bestimmt werden.

2 Bilde mit den folgenden Sätzen Satzgefüge mit Relativsätzen.
Mit dem Relativsatz sollst du ausdrücken, was in den Klammern steht.

**Meldungen
aus aller Welt**

a Bei einem Angriff eines Bussards hat ein Radfahrer eine Kopfverletzung erlitten. (Er fühlte sich während der Brut gestört.)

_____

_____

b Eine Hubschrauberbesatzung entdeckte einen Mann hilflos in
einer Steilrinne. (Er hatte nach seiner Schafherde sehen wollen.)

_____

_____

c Eine rot getigerte Katze wurde als Unfallverursacherin freigesprochen. (Sie soll unzulässig die Straße überquert haben.)

_____

_____

d Kinder geben ihr eigenes Geld laut Umfrage vorwiegend für
Süßigkeiten und Comics aus. (Sie haben es durch Taschengeld und
Geschenke zur Verfügung.)

_____

_____

WERKSTATT *Sprache*

Jugendsprache

1 Lies dir den folgenden Text mit den Ausdrücken in den Klammern laut vor und überlege, warum er etwas merkwürdig klingt.

Die Neue

Als die Neue zum ersten Mal in unsere Klasse kam, waren alle

Blicke (aufgeregt) _____ auf sie gerichtet.

Das Mädchen sah aber auch (wirklich) _____

(gut) _____ aus!

Sie war (sehr modisch) _____ gekleidet. In

(ihrer Kleidung) _____ erschien sie uns fast wie

ein (vollendet modern angezogenes) _____

Model. Vor allem ihre (schön frisierten Haare) _____

_____ fielen auf. Einige Jungs sahen sie

neugierig an. Ich fand das (wirklich) _____ nicht

(so gut) _____, aber sie nahm keine Notiz

davon und blickte (gleichgültig) _____ in die Klasse.

Vielleicht dachte sie auch, dass diese (Jungs) _____

(ziemlich unmöglich) _____ sind. Sie stand

jedenfalls in ihrem (farbenfrohen) _____ Kleid da und

lachte uns an. Und dann fragte sie (einfach) _____:

„Neben wem soll ich sitzen?"

Da hättest du diese (aufgeregten Kerle) _____

_____ einmal sehen sollen, wie sie plötzlich (völlig nervös)

_____ auf ihren Stühlen herumgerutscht sind!

2 Setze in die Textlücken Wörter ein, die aus der Sprache Jugendlicher stammen und deiner Meinung nach besser hineinpassen als die Ausdrücke in den Klammern.

Jugendsprache

Tattoo

Tattoo ist der englische Ausdruck für Tätowierung, einer Kunst am Körper. Viele Menschen sind der absolut bescheuerten Meinung, dass sich an Tattoos so etwas wie die eigene Persönlichkeit ablesen lässt. Das Tätowieren stammt aus den <u>Traditionen</u> der Südseevölker. Die Alten waren eben echt trendy! Dort bewiesen Jugendliche, coole Typen, wenn sie sich tätowieren ließen, Mut und Unempfindlichkeit gegen Schmerzen. Mein Ding ist das nicht! Beim Tätowieren werden <u>Farbpigmente</u> mit Hilfe von Nadeln in tiefer gelegene Hautschichten gestochen. Tut echt weh! Der Tattookünstler verwendet dazu eine Maschine oder aber lange Holzstäbe mit metallischer Spitze, die <u>manuell</u> in die Haut getrieben werden. Die <u>Prozedur</u> ist schmerzhaft. Absolut nichts für mich! Sie kann, je nach Größe des <u>Motivs</u>, Stunden dauern. Zu den bekanntesten Tätowierungsmustern gehören die Tribals. Sie stammen aus den Stammesmotiven der Südsee und bestehen ausschließlich aus superschwarz gestochenen Linien, die schon von Weitem auffallen. Die sehen echt geil aus! Sie entfalten eine starke <u>optische</u>, total kultige Wirkung durch die Einfachheit der Linien und haben sich als Stil am weitesten verbreitet. – Und was, wenn du dein Tattoo wieder loswerden willst? Die Entfernung eines Tattoos ist nur mit Hilfe von <u>Lasern</u> möglich und kann teuer und schmerzhaft sein. Beknackt, wer so was macht!

1. Dieser Text ist eine Mischung aus einem Lexikontext mit sachlichen Informationen und eingestreuten Wörtern und Kommentaren aus der Jugendsprache, die dort nicht hineingehören.
Streiche sieben Sätze und sieben weitere Einzelwörter aus der Jugend- und Umgangssprache durch, dann bekommt der Text wieder seinen sachlichen Stil.

2. Notiere am Rand die Bedeutung der unterstrichenen Fachwörter.
Schau dazu in einem Wörterbuch nach.

WERKSTATT *Sprache*

Metaphern in der Werbung

Werbesprüche	Dinge, für die geworben wird:
❶ Immer cool!	_____
❷ Höchste Spar-Zeit!	_____
❸ DIE PÜNKTLICHE FORELLE.	_____
❹ Perle der Natur.	_____
❺ Tüchtiges Tuch.	_____
❻ Pfadfinder piccolo.	_____
❼ STARKER AUFTRITT IN LEDER.	_____
❽ Drahtseil für Ihre Nerven.	_____
❾ Beißt nicht ins Gras.	_____
❿ ECHTES SOUND-ERLEBNIS!	_____
⓫ Der grüne Genuss.	_____
⓬ Wanted! Die Jagd ist eröffnet!	_____
⓭ Gas geben. Geld sparen.	_____
⓮ DAS FELLT AUF!	_____
⓯ Höflich auf jedem Parkplatz.	_____

1 Diese Sprüche werben für ganz unterschiedliche Dinge:

Auto mit Schiebetüren   ein Rasenmäher   eine billige Armbanduhr Elektroherd mit Uhr   Gasheizungsanlage   Gemüse   Insektenvertilgungsmittel   Jacke für jedes Wetter   Katzenfutter für gesundes Fell   Kühlschrank Mineralwasser   Nervenberuhigungsmittel   Radiowecker Satelliten-Handy mit Wegweiser   Wanderstiefel

Ordne erst einmal die Dinge zu, bei denen du dir sicher bist.

Schreibe neben die Sprüche, für welche Dinge mit ihnen geworben wird.

2 Erklärt einander in der Klasse, wie ihr auf die Lösung gekommen seid: Wo seht ihr den Zusammenhang zwischen den Werbesprüchen und den beworbenen Dingen?

Wortfeldarbeit

Das Wortfeld „Lüge" *Aufschneiderei   Ausrede   Bluff   Heuchelei   Irreführung   Jägerlatein   Lüge   Meineid   Notlüge   Stuss   Unehrlichkeit   Verleumdung   Verlogenheit   Vortäuschung falscher Tatsachen*

1 Setze in die Lücken die passenden Wörter aus dem Wortfeld „Lüge" ein. Manchmal passen auch mehrere!

a **Lina** hat gesagt, dass sie das Geld nicht genommen hat. Sie hat es aber doch genommen. Ich habe es gesehen!

Das war also ... _____

_____

b **Pitt** hat mir erzählt, dass er einen Fisch gefangen hat, der 90 cm groß war. In Wirklichkeit war er nur halb so groß.

Das war nichts wie ... _____

_____

c **Lea** tut immer so, als könnte sie den Karlo nicht leiden. In Wirklichkeit ist sie in ihn verliebt. Sie will es nur nicht zugeben.

Das ist doch ... _____

_____

d **Niklas** hat gesagt, er könnte am Sonntag nicht mitspielen, weil er nach Ulm fährt. Ob das stimmt? Ich glaube ihm nicht.

Das ist wieder nur ... _____

_____

e **Lara** hat hoch und heilig geschworen, dass sie unseren Kanarienvogel jeden Tag gefüttert hat. Das hat sie aber mit Sicherheit nicht! Denn jetzt ist er tot.
Vor Gericht nennt man so etwas ... _____

_____

f **Jakob** hat zu Hause erzählt, dass auf dem Klassenausflug alles ganz toll war. Dabei ist er ganz übel gestürzt und hat sich fast das Bein gebrochen. Aber er wollte halt niemanden beunruhigen.
Es war ... _____

_____

g Als ich **Lotte** fragte, ob sie den schönen Ring von Torsten hat, hat sie gesagt: „Nö, der ist von meiner Oma." Dabei hätte sie es doch einfach zugeben können!
Ich kann das nicht vertragen, solche ... _____

_____

h **Holger** hat mir erzählt, dass er Felix dabei beobachtet hätte, wie er Graffiti an die Schulwand gesprayt hat. Der Felix tut aber so etwas nicht.
Das war von Holger eine ... _____

_____

WERKSTATT Sprache

Sprachliche Höflichkeit

> Hi, Herr Laske! Nächste Woche ist unsere Klasse im Landschulheim. Da kommen wir mal bei Ihnen vorbei und gucken uns die Museumswerft an. Echt cool, wenn wir auf die alten Kähne drauf könnten, die bei Ihnen so rumstehen! Wann können wir aufkreuzen? Mittwoch oder Donnerstag? Schicken Sie uns ein Fax zurück, aber möglichst bis morgen! Bis dahin! Klasse 8b

Diesen Brief an einen Museumsdirektor hat die Klasse 8b entworfen. Als die Lehrerin den Entwurf gelesen hatte, sagte sie zu den Schülerinnen und Schülern:

> Ihr dürft doch nicht einfach sagen, dass wir *vorbeikommen*. Ihr müsst doch fragen, ob ihm das überhaupt passen würde!

> Wenn ihr *alte Kähne* sagt, ist Herr Laske bestimmt beleidigt! Das sind restaurierte Segelschiffe! Und die *stehen* da auch nicht *rum*, sondern liegen im Hafen.

> Und schreibt doch bitte nicht *aufkreuzen*! Das klingt so flapsig.

> Ab und zu einmal *bitte* sagen oder *wir wären Ihnen dankbar, wenn Sie* …, das würde Herrn Laske sicher auch besser gefallen.

> Und wie man ein Anschreiben verfasst, solltet ihr auch beachten: mit Anrede und Grußformel am Schluss. Ihr kennt das doch!

> So geht es jedenfalls nicht! So bekommen wir nie einen Termin!

1 Schreibe den Brief anders auf: Herr Laske sollte sich darauf freuen, dass die Klasse an seinen Museumsschiffen so interessiert ist. Und er sollte auch spüren, dass die Klasse sich freuen würde, wenn sie das Museum besuchen könnte. Arbeite auf einem Zusatzblatt.

Aktiv – Passiv

Eine solche Reportage, wie du sie hier lesen kannst, gibt es nicht. Der Ball berichtet, was er an einem Samstagnachmittag erleiden muss.
Eigentlich wird stets berichtet, wie **die Spieler** den Ball behandeln.

So ein Jammerlappen!

Fußballreportage aus der Sicht eines Balls:
„Schon wieder Samstagnachmittag. Vom Schiedsrichter <u>werde</u> ich unter den Arm <u>geklemmt</u> und aufs Spielfeld <u>getragen</u>. Dort <u>werde</u> ich in der Mitte auf einen Punkt <u>gelegt</u> und dann geht's los. Beim Anstoß <u>werde</u> ich von Kapitän Müller sanft zu Mittelstürmer Möckel <u>geschoben</u>. Das ist zu viel für den Gegner! Vom Mittelstürmer des Gegners <u>werde</u> ich äußerst hart <u>getreten</u> und lasse mich ins Aus rollen. Aber das hilft nichts. Schon wieder werde ich gepackt von Nummer 13, über den Kopf hoch gehalten und Richtung Tor eingeworfen. Der hat Kraft! Fast bis in den Strafraum werde ich befördert und dort vom Libero angenommen. Der angreifende Mittelstürmer wird von ihm umtrippelt und dann werde ich vor das Tor geflankt. Müller wartet dort schon auf mich und ich werde ins Tor geköpft. Nein, nicht ins Tor! Vom Torwart werde ich über die Latte gefaustet. Der hat Reaktion! Wo bin ich denn jetzt gelandet? Von wem werde ich da festgehalten? Ein Zuschauer versucht mich ins Feld zurückzuwerfen. Beim Torwart angekommen, werde ich wieder einmal zurechtgelegt und mit Macht vom Tor abgestoßen. So geht das nun eine ganze Weile weiter bis plötzlich ein scharfer Pfiff ertönt. Der Schiedsrichter zeigt energisch auf den Elfmeterpunkt. Strafstoß! Müller wurde im Strafraum gefoult! Er tritt an, täuscht den Torwart und gekonnt werde ich in die linke Ecke platziert. Tor!

1 Unterstreiche alle Prädikate im Text, die im Passiv stehen.

2 Schreibe den Text um, indem du die Passivsätze in Aktivsätze verwandelst.

Achtung! Bei einigen Sätzen ist das Passiv besser geeignet. Entscheide, welche Sätze du im Passiv übernimmst.

Arbeite auf einem Zusatzblatt: Beginne so:

> Samstagnachmittag. Der Schiedsrichter kommt auf das Spielfeld, den Ball unter den Arm geklemmt. Er legt ihn auf den Anstoßpunkt und dann geht's los. Kapitän Müller schiebt den Ball sanft zu Möckel. Das ist zu viel für den Gegner ...

WERKSTATT Sprache

Aktiv – Passiv

1 Forme alle Sätze des Zeitungsartikels *Dieb gefasst* vom Aktiv ins Passiv um. Dabei sollen die unterstrichenen Satzteile weggelassen werden. Die Firma sowie die Namen der Stadtstreicher und des Diebs sollen nämlich in der Zeitung nicht genannt werden.

Am Freitag wurde der Kriminalpolizei ein Geldraub in Höhe von 110 000 Euro gemeldet.

Dieb gefasst

Am Freitag meldete die Firma Fenske der Kriminalpolizei einen Geldraub in Höhe von 110 000 Euro. Der Angestellte der Firma, Franz Bleibtreu, brachte die Wocheneinnahmen wie üblich nach Ladenschluss zur Bank. Dort zahlte er sie aber nicht ein. Am gestrigen Samstag nun fanden die beiden Stadtstreicher Anatol Turek und Karl Klipphold in einer Mülltonne eine Geldkassette mit 110 000 Euro. Franz Bleibtreu beobachtete die Finder wahrscheinlich dabei. Sie benachrichtigten wohl deshalb die Polizei zunächst nicht davon. Erst am Montagmorgen meldete Anatol Turek den Fund durch einen Anruf bei einer Polizeidienststelle. Wahrscheinlich bedrohte Franz Bleibtreu die beiden Finder. Anatol Turek übergab aber dann in einer dramatischen Aktion der Polizei die Geldkassette. Er nannte dem Kommissariat auch den Aufenthaltsort des Geldräubers. Die Polizei konnte bald darauf den Dieb Franz Bleibtreu fassen.

Aktiv – Passiv

Ein glückliches Ergebnis

 Forme die folgenden Sätze ins Aktiv um. Die unterstrichenen Ausdrücke bilden dabei immer das Subjekt des Aktivsatzes:

Unsere Mannschaft setzte die Belgier von Anfang an unter Druck.
Die Belgier wurden <u>von unserer Mannschaft</u> von Anfang an unter Druck gesetzt.

_____

Die Deckung der Belgier wurde <u>von den Flügelstürmern</u> aufgerissen.

_____

Dann wurde <u>vom Schiedsrichter</u> nach einem Foul ein Strafstoß für uns gegeben.

_____

Er wurde <u>von Ballack</u> im Nachschuss verwandelt.

_____

In der zweiten Halbzeit wurde <u>von unserer Mannschaft</u> noch mehr über die Flügel gespielt.

_____

Nach einer wunderbaren Flanke wurde der Ball <u>von einem Belgier</u> ins eigene Tor geköpft.

2 In dem folgenden Sportbericht wechselt der Verfasser zwischen Sätzen im Aktiv und Passiv. Die Passivsätze haben alle eine Verbform mit *wurde*. Unterstreiche sie.

Ein katastrophales Spiel
Brasilien schlägt Deutschland mit 3:0

❶ Das Spiel gegen Brasilien überschattete von Anfang an ein unglücklicher Stern. **❷** Unsere Mannschaft setzte zwar den Gegner in den ersten Minuten noch unter Druck. **❸** Der Linksaußen schoss einen Eckstoß beinahe direkt ins Tor. **❹** Doch der Ball wurde vom gegnerischen Torhüter gerade noch um den Pfosten gelenkt. **❺** Dann verschoss unser Kapitän einen Elfmeter. **❻** Danach wurde der Gegner von unseren Spielern einfach unterschätzt. **❼** Der Trainer wechselte den verletzten Spielmacher aus. **❽** Der eingewechselte Spieler wurde aber zu wenig angespielt. **❾** Dann nutzte die gegnerische Mannschaft die Schwäche unserer Mannen gnadenlos aus. **❿** Unsere Mannschaft wurde vom Gegner in der zweiten Halbzeit förmlich überrannt. **⓫** Die brasilianische Mannschaft gewann das Spiel mit 3:0. **⓬** Am Ende wurde unsere Mannschaft ausgepfiffen.

3 Setze einmal alle Passivsätze probeweise ins Aktiv und überprüfe, ob der Text dadurch besser wird. In zwei Sätze musst du dabei folgende Subjekte einfügen: *die Mitspieler, die Zuschauer.*

4 Setze auch einmal alle Aktivsätze probeweise ins Passiv. Überlege dabei, welche Satzteile du weglassen kannst. Wird der Text dadurch besser lesbar?

WERKSTATT Sprache

Die indirekte Rede und die Verben im Konjunktiv

Ein Dieb in der Schule?

1 Was haben die beiden Mädchen wirklich gesagt?
– Übertrage die folgenden Aussagen aus der indirekten Rede in die wörtliche Rede. Setze Doppelpunkte und Anführungszeichen.
– Markiere, welche Wörter sich bei der Umformung geändert haben.

Alice erzählte mir: „Mir ist in der Sportstunde meine Armbanduhr weggekommen."

ⓐ Alice erzählte mir, ihr sei in der Sportstunde ihre Armbanduhr weggekommen.

ⓑ Sie sagte mir, sie habe sie im Umkleideraum in ihren Schuh gesteckt.

ⓒ Als sie die Uhr nach der Sportstunde wieder umbinden wollte, sei sie weg gewesen.

ⓓ Es sei ihr aufgefallen, dass nach dem Sport die Tür des Umkleideraums offen gestanden habe.

ⓔ Wahrscheinlich habe sich jemand hereingeschlichen und die Uhr gestohlen.

ⓕ Jedenfalls habe sie den Vorfall gleich danach dem Hausmeister gemeldet.

ⓖ Ich habe versucht, sie zu trösten, dass sich die Uhr ja vielleicht doch wieder einfinden werde.

2 Forme die folgenden Sätze aus der wörtlichen Rede in die indirekte Rede um. Markiere zunächst alle Wörter, die sich dabei ändern:
– Aus „ich" und „du" wird „er".
– Aus den Verben im Indikativ werden solche im Konjunktiv.
– Die Doppelpunkte werden zu Kommas, das folgende Wort wird kleingeschrieben.
– Die Redezeichen fallen weg, Frage- und Ausrufezeichen werden zu Punkten.
– Die Fragesätze ⓒ und ⓔ werden mit „ob" eingeleitet.
– In Satz ⓔ muss „habt" in „hätten" umgeformt werden.

Holger berichtet, auch ihm sei vorige Woche etwas weggekommen.

ⓐ Holger berichtet: „Auch mir ist vorige Woche etwas weggekommen!"

ⓑ Er sagt: „Mein Portmonee ist in der Pause aus der Schultasche verschwunden."

ⓒ Der Lehrer hat ihn gefragt: „Hast du es denn wirklich nicht zu Hause gelassen?"

ⓓ Holger beteuerte: „Ich weiß ganz genau, dass ich es mit in die Schule gebracht habe!"

ⓔ Der Lehrer hat dann die anderen Schüler gefragt: „Habt ihr irgendetwas gesehen?"

ⓕ Aber jeder sagte fast dasselbe, nämlich so etwas wie: „Ich habe nichts bemerkt."

ⓖ Der Lehrer fragte: „Wie viel Geld ist denn in deinem Portmonee gewesen?"

ⓗ Holger antwortete: „Ich hatte mein Taschengeld dabei, ungefähr zehn Euro."

Die indirekte Rede und die Verben im Konjunktiv

Diskussion in der Klasse

3 Übertrage alle wörtlichen Reden des folgenden Textes in indirekte Reden. Du hast dafür mehrere Möglichkeiten, wie das Beispiel **a** zeigt:
– allein mit dem Verb im Konjunktiv,
– mit einem dass-Satz und dem Verb im Konjunktiv oder
– mit einem dass-Satz und dem Verb im Indikativ.

Ein Schüler sagte, es ==müsse== endlich etwas geschehen.
Ein Schüler sagte, ==dass== endlich etwas geschehen ==müsse==.
Ein Schüler sagte, ==dass== endlich etwas geschehen ==muss==.

a Ein Schüler sagte: „Es ==muss== endlich etwas geschehen!"

b Johannes schlug vor: „Wir könnten ja in der Pause eine Klassenaufsicht einsetzen."

c Kati machte den Vorschlag: „Der Klassenraum muss immer abgeschlossen werden."

d Elvis meinte resigniert: „Das hat alles sowieso keinen Zweck!"

e Und Jens fügte hinzu: „Wer etwas klauen will, der schafft es auch."

f Resi rief dazwischen: „Aber das kann doch nicht so weitergehen!"

g Ein ganz Schlauer hatte die Idee: „Vielleicht sollten wir einen Klassentresor anschaffen."

h Aber der wurde gleich lächerlich gemacht: „Das ist vielleicht eine super Idee!"

i Und Roland fügte hinzu: „Ja, wenn einer dann den Tresorschlüssel verbummelt und ihn ein Dieb findet,

dann kann man sich auf etwas gefasst machen."

j Und Hans-Egon meinte: „Geld muss man eben immer bei sich tragen. Basta!"

WERKSTATT *Sprache*

Der Konjunktiv II: Wünsche und Vorstellungen

Leere Versprechungen eines Verliebten?

Ich bleibe so gern bei dir ...,

Ich gehe mit dir ins Kino ...,

Ich bringe dir etwas mit ...,

Ich finde dich echt toll ...,

Ich laufe dir niemals weg ...,

Ich schreibe dir Briefe ...,

Ich trage dich auf Schultern ...,

Ich lüge dir nichts vor ...,

Ich nehme dich in den Arm ...,

Ich lese dir etwas vor ...,

Ich rufe dich jeden Tag an ...,

Ich fliege zu dir ...,
Ich sehe über alles Schlechte hinweg ...,
Ich biete dir meine Freundschaft an ...,

Ich halte immer zu dir ...,

... wenn ich nur könnte!

1 Alles nur Versprechungen – ob sie eingelöst werden, wissen wir nicht. Jedenfalls stehen die Verben in einem solchen Fall im Konjunktiv II. Und der wird so gebildet:
– Man nehme die Form des Präteritums und hänge ein -e an!
  So wird aus *bleiben → blieb → bliebe*, aus *gehen → ging → ginge* usw.
– Bei den Verben mit einem umlautfähigen Vokal (a, o, u) im Präteritum wird meist der Umlaut gebildet: *lügen → log → löge, bringen → brachte → brächte, singen → sang → sänge, frieren → fror → fröre* usw.

Schreibe die Versprechungen mit den Verben im Konjunktiv II auf.

Der Konjunktiv II: Wünsche und Vorstellungen

Ich wäre so gern ein Star!

Ich stelle mir vor, ich würde _____ ein Star sein. Ich würde _____ als Sänger im Fernsehen auftreten. Millionen von Menschen würden _____ mir zuhören. Sie würden _____ auch sehen, wie toll ich tanze. Eine fantastische Band würde _____ mich begleiten. Wir würden _____ miteinander auf Tournee gehen. Wir würden _____ jeden Abend in einer anderen Stadt vor Tausenden von Zuschauern spielen. Manchmal würden _____ mich völlig unbekannte Leute in der Stadt anreden und würden sagen _____: „Du bist doch der berühmte Johnny Black!" Sie würden _____ mir mein Foto entgegenhalten und ich würde _____ ihnen Autogramme geben müssen. Auch in Talkshows würde _____ man mich einladen und würde _____ mir Fragen stellen nach meiner Karriere und so weiter. In meiner Freizeit würde _____ ich in einer Villa am Meer wohnen. Ich würde _____ viel Geld für Klamotten ausgeben, würde _____ auf einer Jacht segeln und würde _____ einen super Sportwagen haben, mit dem ich durch die Gegend fahren würde _____. Ich würde _____ aber auch großzügig sein und würde _____ immer etwas für Leute übrig haben, die nicht so viel Geld haben wie ich. Ja, so würde _____ das sein, wenn ich ein Star sein würde _____.

begleitete
führe
gingen
gäbe
hätte
(für: haben würde)
hielten
hörten
lüde
müsste
redeten
sagten
sähen
segelte
spielten
stellte
träte
wäre (für: sein würde)
wohnte

1 In diesem Text werden die Wünsche ständig in der etwas umständlichen Umschreibung mit dem Wörtchen „würde" ausgedrückt. Das wirkt durch die vielen Wiederholungen langweilig. Verbessere den Text, indem du statt „würde" die Verben im Konjunktiv II verwendest. Sie stehen auf dem blauen Zettel.

WERKSTATT Sprache

Die Zeitformen wechseln

Einbrecher im Nachbarhaus?

Wenn unsere Nachbarn verreist sind, _____ wir immer auf
(passen)

und _____ darauf, dass sich niemand an ihrem Haus zu
(achten)

schaffen _____. Eines Abends _____ ich, wie
(machen) (beobachten)

ein Auto vor ihrer Garage _____ und ein Mann mit einer
(halten)

großen Tasche _____. Er _____ auf den Hauseingang
(aussteigen) (gehen)

zu. Ich _____ nicht genau sehen, was er dort _____.
(können) (machen)

Jedenfalls _____ ich über die Straße. Und was _____
(gehen) (sehen)

ich da? Der Mann _____ an der Tür, _____
(klingeln) (machen)

plötzlich seine Tasche auf und _____ etwas heraus. Damit
(holen)

er mich nicht sah, _____ ich mich hinter einem Gebüsch.
(verstecken)

Von meinem Platz aus _____ ich den Mann nicht mehr
(können)

sehen. Ich _____ mir aber die Nummer von seinem
(notieren)

Auto. Plötzlich _____ der Mann zu seinem Auto gelaufen,
(kommen)

_____ die Tasche hinein und _____ davon. Nun
(werfen) (fahren)

_____ ich hinüber zu dem Haus. Die Tür _____
(gehen) (stehen)

offen und Tobi, der Sohn unserer Nachbarn, _____ seelen-
(sitzen)

ruhig da und _____ cool eine Pizza. Ich _____
(essen) (sagen)

zu ihm, dass ich schon _____, ein Einbrecher habe
(denke)

sich eingeschlichen. Da _____ er und _____:
(lachen) (sagen)

„Nein, ich bin für ein paar Tage gekommen, um das Haus zu hüten.

Da hatte ich Appetit auf eine Pizza und hab mir telefonisch eine

bestellt." Und dafür die ganze Aufregung!

1 Setze in die Textlücken die Verben im Präsens oder Präteritum ein. Manchmal musst du das Präsens nehmen, manchmal das Präteritum. Aber einige Male kannst du dir aussuchen, welche Zeitform dir besser erscheint.

Attribute

MERKE

Attribute sind Beifügungen zu einem Nomen. Sie fügen dem Nomen eine zusätzliche Bedeutung hinzu. So möchte man in dem folgenden Satz sicher etwas Genaueres über die Nomen wissen, die in ihm vorkommen:

> *Hunde werden zu Feinden.*

1. Ein **Adjektiv** als Attribut – schon wird der Satz etwas genauer:
> *Hunde werden zu bissigen Feinden.*

2. Eine **Wortgruppe mit Präposition** als Attribut – nun wird der Satz noch genauer:
> *Hunde mit ihrem Jagdinstinkt werden zu bissigen Feinden.*

3. Ein **Relativsatz** als Attribut – man erfährt immer mehr:
> *Hunde mit ihrem Jagdinstinkt, die man von der Leine lässt, werden zu bissigen Feinden.*

4. Endlich noch ein **Ausdruck im Genitiv** – und jetzt erst ist der Satz wirklich genau:
> *Hunde mit ihrem Jagdinstinkt, die man von der Leine lässt, werden zu bissigen Feinden der Skater.*

---

1 *Autofahrer sind auf Straßen Freunde.* – Diesen Satz kann man so, wie er da steht, nicht unbedingt glauben. Erst wenn man den drei Nomen Attribute hinzufügt, kann daraus ein wahrer Satz werden. Diese Attribute müssten folgende Zusatzinformationen enthalten:

a dass die Autofahrer *verständnisvoll* sein müssen (Attribut als Adjektiv);

b dass sie *Rücksicht nehmen* (Attribut als Relativsatz);

c dass die Straßen *keine Radwege* haben (Attribut als Ausdruck mit Präposition);

d dass es sich bei den Freunden um *Radfahrer* handelt (Attribut als Ausdruck im Genitiv).

Schreibe jetzt diesen Satz auf, indem du vier Attribute hinzufügst:

Autofahrer

sind auf Straßen   Freunde   .

2 Unterstreiche in den folgenden Sätzen alle Attribute und markiere die Nomen, zu denen sie gehören. Es sind acht Attribute: von jeder Sorte zwei.

Leider gibt es auch rücksichtslose Autofahrer, die so dicht an einem Radler vorbeifahren, dass sie ihn mit dem Rückspiegel des Seitenfensters fast berühren und ihn an den Rand der Straße drängen. In einer solchen gefährlichen Situation kommt es schon einmal vor, dass der Radfahrer, der behindert wurde, einen Schreck bekommt, den Lenker an seinem Rad verreißt und in einem Graben neben der Straße landet.

WERKSTATT Sprache

Satzglieder umstellen

1 Trage die Satzglieder der Sätze **h**-**l** in die Tabelle ein:

Subjekt	Prädikat	adverbiale Bestimmung	Objekt
a Ein Haus	stand	in einer engen Straße.	
b Es	war	stockfinster.	
c Kein einziges Licht	brannte	hinter den Fenstern.	
d Mr. Langfinger	öffnete		das Kellerfenster.
e Er	bestieg	vorsichtig	den dunklen Keller.
f Er	ertastete	mit seinen Händen	den Fußboden.
g Er	spürte	plötzlich	einen furchtbaren Schmerz.
h _____	_____	_____	_____
i _____	_____	_____	_____
j _____	_____	_____	_____
k _____	_____	_____	_____
l _____	_____	_____	_____

2 Stelle die Satzglieder der Sätze **a**-**g** so um, dass die Sätze einen gut zusammenhängenden Text ergeben.

a _____

b _____

c _____

d _____

e _____

f _____

g _____

h Beide Hände steckten in einer Rattenfalle.

i Vor Schreck verließ er das Haus.

j Eigentlich suchten seine Finger irgendein kostbares Diebesgut.

k Jetzt quälten seine sensiblen Finger zwei Fallen.

l In dieser Nacht pflegte Mr. Langfinger seine Diebesinstrumente.

Satzglieder umstellen

MERKE

Die Burgschule / beging / am gestrigen Freitag / ihren sozialen Tag.
Subjekt　　　　　**Prädikat**　**adverbiale Bestimmung**　　　　**Objekt**

Die normale Stellung der Satzglieder in einem Satz ist:
Subjekt, Prädikat, adverbiale Bestimmung, Objekt.
Doch in Texten weicht die Stellung der Satzglieder oftmals von der normalen ab:

Am gestrigen Freitag / beging / die Burgschule / ihren sozialen Tag.
adverbiale Bestimmung　**Prädikat**　　　**Subjekt**　　　　**Objekt**

---

1 Bilde aus den Satzgliedern der folgenden acht Sätze einen Kurztext für eine Schülerzeitung.
Denke daran: Das Subjekt sollte in einem Text nicht immer am Satzanfang stehen!

Schüler helfen Schülern

Mehr als 150 Schülerinnen und Schüler beteiligten sich

---

a Die Burgschule / beging / am gestrigen Freitag / ihren sozialen Tag.

---

b 150 Schüler / gingen / von unserer Schule / in Unternehmen und Haushalte.

---

c Sie / arbeiteten / freiwillig / dort / für mehrere Stunden.

---

d Sie / bekamen / aber / nicht selbst / den erarbeiteten Lohn.

---

e Er / wurde eingezahlt / in die Stiftung „Schüler helfen Schülern".

---

f Die Arbeit / war / nicht einfach / für manche Schüler,

---

g sie / hat gemacht / aber / viel Spaß / den meisten.

---

h Sie / erhielten / großes Lob / von den „Arbeitgebern" / für ihr Engagement.

WERKSTATT Sprache

Aus Satzgliedern werden Nebensätze: Verbalstil

In Geschichten verwendet man gern anschauliche Verben. Jedes Verb führt zu einem Hauptsatz oder einem Nebensatz. Hauptsätze und Nebensätze gehören zum Erzählstil von Geschichten.

Der folgende Text nach einer bekannten Bildergeschichte ist aber eher in einem Stil geschrieben, der an einen Zeitungsbericht erinnert. In einer Geschichte würde man lieber lesen: *Nachdem sie ihre Hausarbeit erledigt hatte* … *statt:* Nach *erledigter Hausarbeit* …

Nachdem sie ihre Hausarbeit erledigt hatte, gönnte sich Frau Bluff eine Ruhepause.

a Nach erledigter Hausarbeit gönnte sich Frau Bluff eine Ruhepause.

b Während des Sitzens in ihrem Sessel hörte sie

c das Hereinkommen ihres Sohnes.

d Wegen des Tragens einer großen Vase auf seinem Kopf dachte sie an ein Unglück.

e Der Arme ist sicher **beim Spielen mit der Vase** darin stecken geblieben, dachte sie.

f Zum Zwecke der Befreiung lief sie ihm entgegen.

g Ungeachtet der unglücklichen Lage des Kleinen, in der er sich befand, nahm sie einen Hammer.

h Bei mehrmaligem Einschlagen auf die Vase zersprang sie in kleine Stücke.

i Doch was musste sie sehen **nach dem Zerplatzen der Vase**?

j Der Kleine hatte sie sich **zwecks Erschreckens seiner Mutter** oben auf den Kopf gesetzt.

k Frau Bluff dachte: Dieses Problem wäre auch lösbar gewesen **ohne das Zertrümmern der Vase**.

Denke an das Komma zwischen Haupt- und Nebensatz!

1 Forme die **fett gedruckten** Satzglieder dieses Textes in Nebensätze um. Alles andere kannst du so stehen lassen. Dabei müssen die Wörter, die hier unterstrichen sind, in Verben umgeformt werden.

Aus Nebensätzen werden Satzglieder: Nominalstil

Sachtexte, z. B. Bedienungsanleitungen, sind meistens in einer Sprache verfasst, in der weniger Verben vorkommen als in Erzähltexten. In solchen Texten kommen auch nur wenige Nebensätze vor.
Stattdessen sind sie in einem Stil verfasst, in dem die Nomen überwiegen. Man versucht, möglichst viele Informationen kurz und bündig in Satzglieder zu verpacken. Man schreibt nicht gern: *Bevor Sie wichtige Aufnahmen speichern* …, sondern lieber: *Vor der Speicherung wichtiger Aufnahmen* …

==Vor der Speicherung wichtiger Aufnahmen== empfehlen wir Ihnen zunächst ==die==

ⓐ **Bevor Sie wichtige Aufnahmen <u>speichern</u>**, empfehlen wir Ihnen, **zunächst einige Probeaufnahmen <u>anzufertigen</u>**.

ⓑ **Um sicherzustellen, dass die Kamera <u>funktioniert</u>**, sollten sie lernen, **sie richtig zu <u>bedienen</u>**.

ⓒ Lesen Sie, **bevor Sie die Kamera <u>verwenden</u>**, die Sicherheitshinweise.

ⓓ Richten Sie die Kamera, **weil dadurch die Gefahr einer Augenschädigung (besteht)**, niemals direkt in die Sonne.

ⓔ **Wenn Sie den Blitz <u>auslösen</u>**, sollten Sie nicht in unmittelbare Nähe der Augen anderer kommen.

ⓕ Versuchen Sie niemals, **das Gerät zu <u>zerlegen</u>**.

ⓖ Legen Sie die Kamera, **wenn Rauch <u>auftritt</u>**, unverzüglich beiseite.

ⓗ Verwenden Sie die Kamera, **nachdem das Gehäuse <u>beschädigt</u> wurde**, nicht mehr.

ⓘ **Wenn Sie die Kamera am Tragegurt <u>tragen</u>**, beachten Sie, **dass die Gefahr der Erschütterung (besteht)**.

ⓙ Wir wünschen Ihnen, **dass Sie viel Freude mit Ihrer Kamera (haben)**.

1 Forme die **fett gedruckten** Nebensätze dieses Textes in Satzglieder um. Alles andere kannst du so stehen lassen.
Denke daran, dass dabei die Verben der Nebensätze entweder in Nomen umgeformt werden müssen (das sind die, die unterstrichen sind) – oder ganz wegfallen (das sind die, die in Klammern stehen).

Informationen ermitteln und darstellen

1   Lies den folgenden Text durch und schreibe in nicht mehr als drei Sätzen auf, worum es geht. Beachte die Tipps 1, 2 und 3 für Textprofis im Schülerband S. 248/249.

**Uaaah!
Im Sturzflug
Richtung Urwald**

Dela Kienle

Auf der Südsee-Insel Pentecôte stürzen sich Jungen und Männer von selbst gebauten Holztürmen. Mitten im Urwald. Ein uraltes Ritual – aber nicht ganz ungefährlich.

Joseph soll springen. Kopfüber in die Tiefe, wo die Bäume wogen wie ein grünes Meer. Um seine Fußknochen sind Lianen geknotet – Schlingpflanzen, so lang und dünn wie ein Seil. Wenn sie nicht halten, wird der Zehnjährige auf den Boden prallen. Das weiß
5 Joseph. Aber er wollte unbedingt mitspringen, wie die erwachsenen Männer. Jetzt steht er auf dem wackligen Holzturm. Und hat Angst.

Die Mutprobe heißt „Land-Tau-chen" – weil sich die Männer Richtung Boden stürzen, als tauchten
10 sie von einer Klippe ins Meer. Auf Pentecôte, einem Inselchen im Südpazifik, ist das eine uralte Tradition. Europäische Extremsportler haben sie nachgeahmt und „Bun-
15 gee-Jumping" genannt. Bloß nimmt man bei uns keine Lianen, sondern sichere Gummiseile. Und man springt von Kränen oder Brücken, anstatt mühsam einen Holzturm zu
20 errichten.

War das eine Schufterei! Joseph spürt sie noch in allen Knochen. Tagelang hat er mit den anderen Dorfbewohnern am Sprungturm
25 gebaut: Gut 30 Meter ragt der nun in die Höhe, ein Gewirr aus Ästen und Stämmen, alles mit Lianen verknüpft. Jeder Springer hat seine eigene Plattform errichtet, die
30 älteren ganz oben, die jüngeren weiter unten – aber immer noch Schwindel erregend hoch; ungefähr so, als stünde Joseph auf einem vierstöckigen Haus.

Informationen ermitteln und darstellen

35 Die Frauen tief unten auf dem Erdboden tragen Baströcke, ihr Gesang dringt zu Joseph herauf. Dazu das Fußstampfen und das Trommeln der Männer. Alles dröhnt, Joseph ist schwindlig. Neben den Dorfbewohnern drängt sich eine Gruppe Touristen. Man hat sie heute extra hierher gebracht. Jetzt gaffen sie nach oben und zücken
40 die Fotoapparate.

Josephs Dorf verdient Geld mit dem „Land-Tauchen" – sonst kämen kaum Besucher hierher in die Wildnis. Die Tradition wird zum Touristen-Schauspiel, und doch: Es steckt mehr dahinter. Die Springer wollen die Götter gnädig stimmen. Sie wollen zeigen, dass
45 sie stärker sind als ihre Angst. Am meisten aber bedeutet dieser Tag für die Jüngsten wie Joseph: ein Sprung – und sie werden in die Männer-Gemeinschaft aufgenommen, gelten als erwachsen.

50 Wie sehr hat Joseph diesen Moment herbeigesehnt – und zugleich gefürchtet. Er tritt jetzt auf der Sprungplattform ganz nach vorn, und die Zuschauer halten den Atem an.

55 Erst kurz zuvor hatte einen Nachbarn von Joseph der Mut verlassen. Genau wie er jetzt hatte der auf der Plattform gestanden, hatte minutenlang gezögert, und die Menge unten hatte gejohlt und gebuht. Dann hatte
60 er aufgegeben. Bis zum nächsten Jahr gilt er jetzt im Dorf als Feigling.

Joseph hebt die Arme, schließt die Augen. Er ruft, fleht die Götter an. Hoffentlich hat er die Lianen richtig ausgemessen,
65 hoffentlich sind sie keinen Meter zu lang, wenn er sich nach unten stürzt. Jetzt! Joseph neigt sich sachte über den Plattformrand, kippt, taucht hinunter in die Leere. Und fällt, den Kopf voran. Da, ein
70 Ruck, ein scharfer Schmerz an den Fußgelenken. Die Lianen haben sich gestrafft, Joseph baumelt dicht über der Erde. Sein Vater schneidet die Lianen durch, lacht, stellt den zitternden Sohn auf die Erde.
75 Geschafft, Joseph, geschafft! Oben auf dem Turm tritt der nächste Springer nach vorn …

Informationen ermitteln und darstellen

2 Hier stehen Erklärungen zu acht Wörtern, die in dieser Reihenfolge im Text vorkommen. Welche Wörter sind damit gemeint? Markiere sie im Text und schreibe die Nomen im Singular und die Verben im Infinitiv auf. Wenn du richtig gearbeitet hast, kannst du aus den rot unterstrichenen Buchstaben ein Lösungswort zusammenfügen, das auch im Text enthalten ist.

feierlicher religiöser Brauch: __ __ __ __ __ __

biegsamer Stamm einer Schlingpflanze: __ __ __ __ __

Felsen im Meer: __ __ __ __ __

alter Brauch: __ __ __ __ __ __

moderne Bezeichnung für Land-Tauchen: __ __ __ __-__ __ __ __ __ __ __

schwere Arbeit: __ __ __ __ __ __

laut und unartikuliert schreien: __ __ __ __ __

lose hängen, schaukeln: __ __ __ __ __ __

Das **Lösungswort** heißt: __ __ __ __ __ __

Bungee-Jumping:

Sturz kopfüber aus großer Höhe (mindestens 50 m), bei dem der Stürzende durch ein Seil gesichert ist. Das Gummiseil, mit dem der Springer durch abgepolsterte Fußschlaufen oberhalb der Knöchel verbunden ist, bewirkt ein federndes Auspendeln. Bei einer Absturzhöhe von z.B. 70 m werden etwa 30 m im freien Fall zurückgelegt, danach beginnt das Abfedern; die erste Rückschnellhöhe beträgt etwa 45 m. Bungee-Jumping gehört zu den Extremsportarten.

In einem Text werden Absätze gemacht, wenn inhaltlich etwas Neues gesagt wird. Eine Zwischenüberschrift hebt das Wichtigste in einem Absatz hervor.

3 Der Text auf Seite 70/71 enthält acht Absätze. Schreibe zu jedem Absatz eine passende Überschrift in die Randspalte neben den Text.
Vier Zwischenüberschriften findest du hier schon, die anderen sollst du selbst formulieren. Achtung: Eine der vier Zwischenüberschriften passt nicht zum Textinhalt. Du musst sie streichen und selbst formulieren.

Aufgeben gilt als feige

Joseph wagt den Sprung

Der Bau des Sprungturms

Die Mutprobe ist nur ein Touristenschauspiel

4 Schreibe einen kurzen Text über das Land-Tauchen, wie er in einem Jugendlexikon stehen könnte. Ein Beispiel für solch einen Text findest du in der Randspalte. Arbeite auf einem Zusatzblatt.

Vom Diagramm zum Text

Diagramme sind grafische Darstellungen von Zahlenwerten in anschaulicher Form. Man kann in solchen Schaubildern die angegebenen Zahlen leichter überblicken als in einem Text mit vielen Wörtern.
In unseren Beispielen geht es um das Konsumverhalten von Kindern und Jugendlichen.

1 Sieh dir die beiden Diagramme zunächst einmal an:

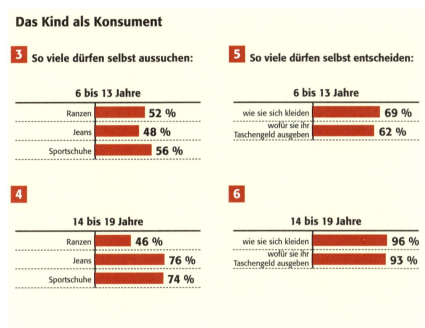

a In welchem Diagramm erfährst du, wie viel Geld Kinder und Jugendliche überhaupt zur Verfügung haben? 1 □ 2 □ 3 □ 4 □ 5 □ 6 □

b Welche Schaubilder zeigen dir, worüber Kinder und Jugendliche allein bestimmen dürfen? 1 □ 2 □ 3 □ 4 □ 5 □ 6 □

c Welche Grafik gibt Auskunft über die Produkte, die ältere Jugendliche selbst aussuchen dürfen? 1 □ 2 □ 3 □ 4 □ 5 □ 6 □

d Wo siehst du, wie viele Getränkemarken die 12- bis 18-Jährigen kennen? 1 □ 2 □ 3 □ 4 □ 5 □ 6 □

2 Schreibe einen zusammenfassenden Text über die Auskünfte, die die Diagramme geben. Vergleicht eure Arbeitsergebnisse untereinander. Schreibe auf einem Zusatzblatt.

Einen Text für ein Diagramm vorbereiten

1 Lies den folgenden Zeitungsartikel und schreibe in wenigen Sätzen auf, worum es darin geht.

In diesem Zeitungs-
artikel geht es um …

Der Artikel handelt
von …

In dem Text erfahre
ich etwas über …

_____

_____

_____

_____

Jugendliche unterschätzen Gefahren des Internets

Emnid hat das PC- und Internetverhalten von 8- bis 14-Jährigen untersucht

VON JOCHEN SCHNEIDER

Ein Viertel aller Jugendlichen sitzt täglich am Computer, kaum einer hat noch nie einen bedient. Das berichtet die repräsentative Studie „ekids" des Marktforschungsinstituts TNS-Emnid. Im Februar 2003 wurden 375 Jugendliche von acht bis 14 Jahren aus ganz Deutschland telefonisch befragt. Den Auftrag für die Erhebung gab das Unternehmen Symantec, das Programme zur Sicherheit beim Surfen im Netz herstellt. Primär wollte man herausfinden, wie Heranwachsende mit PC und Internet umgehen.

Grundsätzlich sind laut Studie die meisten Jugendlichen auf den PC der Eltern angewiesen, weil sie selbst keinen besitzen. Bei der Nutzung sind die Erziehungsberechtigten aber sehr großzügig, hal-

Mehrmals wöchentlich am Rechner

Die Studie „ekids" hat die Nutzungshäufigkeit des Computers ermittelt. 65 Prozent der Jugendlichen nutzen den Computer mehrmals in der Woche. In Bezug auf die besuchte Schule gibt es dabei nur geringe Unter-schiede: 69 Prozent der Haupt- und Gesamtschüler, 72 der Realschüler und 77 Prozent der Gymnasiasten sitzen mehrmals am Computer, ebenso mehr als die Hälfte (52 Prozent) der Grundschüler.

Schulcomputer nutzen 36 Prozent der Befragten, der überwiegende Teil (62 Prozent) sitzt zu Hause am PC, der bei mehr als einem Drittel im eigenen Zimmer steht. Sieben Prozent besuchen Internetcafés.

ten mehrheitlich nur zeitliche Einschränkungen für nötig. Lediglich 25 Prozent stellen inhaltliche Regeln auf, verbieten zum Beispiel den Besuch bestimmter Seiten.

Auf die Frage, was sie am Computer machen, antwortete die Mehrheit: Spielen. Nur etwa 20 Prozent nutzen ihn auch für das Erstellen von Hausaufgaben. Auf den Freundeskreis hat das Computerverhalten wenig Einfluss: Ein Internetdienst, der Freundschaften fördert, der Chatroom, wurde zwar von 41 Prozent der Befragten bereits aufgesucht und knapp ein Drittel nennt chatten als liebste Beschäftigung am PC. Doch nur sieben Prozent der Befragten haben eine Internetbekanntschaft getroffen.

Neben dem allgemeinen Umgang mit dem Rechner war es für die Firma Symantec wichtig, auf Risiken speziell im Umgang mit dem Internet aufmerksam zu machen. Da 84 Prozent angaben, bereits im Internet gewesen zu sein, gehören sie zu den potenziellen Opfern von Internetviren oder Ähnlichem. Tatsächlich wissen die meisten Befragten, welche Gefahren im Netz lauern und wie man sich schützen kann. Trotzdem kommt die Studie zu dem Endresultat, dass die Jugendlichen als große Gruppe der Internetbenutzer sich der Gefahren, die im Internet lauern, oft nicht bewusst seien: denn trotz ihres Wissens schützen sich nur knapp 38 Prozent der Befragten.

2 Führe die folgenden Satzanfänge in deinen eigenen Worten zu Ende. Markiere zuerst die entsprechenden Stellen im Text.

Die Firma Symantec ist ein Unternehmen, das _____

_____

Die Firma beauftragte ein Marktforschungsinstitut, zu untersuchen,

wie Kinder und Jugendliche _____

Außerdem wollte das Unternehmen _____

_____

Einen Text für ein Diagramm vorbereiten

3 Was sagt der Text? Nur zwei der folgenden sechs Aussagen sind richtig. Kreuze sie an. Korrigiere anschließend die falschen Aussagen.

a Nach den Ergebnissen dieser Studie besitzen die meisten Jugendlichen

einen eigenen Computer.

b Jeder Dritte erledigt seine Hausaufgaben am PC.

c Die meisten Jugendlichen nutzen den Computer zum Spielen.

d Das Chatten ist für mehr als die Hälfte der jungen Leute die

Lieblingsbeschäftigung am PC.

e Etwa ein Viertel der Eltern achtet darauf, welche Internet-Angebote ihre

Kinder nutzen.

f 84 Prozent der Jugendlichen sind internetsüchtig.

4 Zeichne ein Balkendiagramm, das die Zahlenwerte zur Nutzungshäufigkeit des Computers anschaulich darstellt. Lies dazu noch einmal den eingeklinkten Text *Mehrmals wöchentlich am Rechner* (S. 74).

Grundschüler

Hauptschüler

Gesamtschüler

Realschüler

Gymnasiasten

5 Überlege:
– Wie erklärst du dir die Unterschiede bei der Nutzung des PC?
– Welche Bedeutung hat der PC für dich?
– Welche weiteren Informationen im Text bieten sich zur Darstellung als
  Diagramm an?

6 Welche Methoden hast du zur Bearbeitung dieser Seiten angewendet? Welche davon waren unbedingt nötig, um Informationen aus dem Text als Diagramm darzustellen?

Ein Interview auswerten und zusammenfassen

In Jugendzeitschriften findest du häufig Ratschläge zu aktuellen Problemen von Jugendlichen. Hier siehst du Auszüge aus einem Interview mit der Leiterin des „Dr.-Sommer-Teams" der Zeitschrift *Bravo*.

1 Lies die Fragen **1**-**5** und ordne sie den passenden Antworten **a**-**e** zu.

Dünn und sexy

Viele Mädchen und Jungen sind unzufrieden mit ihrem Äußeren. Als unsichere Ratsucher wenden sie sich an „Dr. Sommer" und offenbaren ihre Wünsche, Hoffnungen und Probleme. Ein Interview mit Margit Tetz, Leiterin des „Dr.-Sommer-Teams" der Zeitschrift *Bravo*.

Frage 1: *Studien belegen, dass bereits Grundschulkinder ein stark auf geschlechtsspezifische Schönheitsideale ausgerichtetes Körperbewusstsein entwickeln. Können Sie das aus Ihrer Arbeitserfahrung bestätigen?*

Antwort: _____

Frage 2: *Welche Maßstäbe legen Kinder und Jugendliche an ihren eigenen Körper an?*

Antwort: _____

Frage 3: *Gibt es aus Ihrer Sicht typische Jungen- und typische Mädchenprobleme?*

Antwort: _____

Frage 4: *Was tun Mädchen, was tun Jungen, um ihren Körper den Normen anzunähern? Geht das Spektrum bis zu chirurgischen Eingriffen?*

Antwort: _____

Frage 5: *Sehen Sie Tendenzen im heute üblichen Umgang mit Körperlichkeit unter Kindern und Jugendlichen?*

Antwort: _____

a Dünn muss er sein – wobei „dünn" subjektiv ist. Da fragt ein 13-jähriges Mädchen: „Ich bin 180 cm groß und wiege 54 kg – ist das okay oder muss ich abnehmen?" ... das Gewicht unterhalb des Idealgewichts ist für die meisten Maßstab.

Auffallend ist, dass der Anspruch auf Perfektheit noch nie so groß war wie heute. Mädchen orientieren sich an Mädchen und Frauen, die es „geschafft" haben: zum Beispiel an Britney Spears: „Ich will so dünn sein und so aussehen wie Britney!" Sie wollen es selbst schaffen. Sie wollen so sein wie die Stars, selbst mitspielen. Big Brother und Popstars (No Angels, Bro'Sis) haben es ihnen vorgemacht – jede, jeder kann selbst auf der Bühne stehen.

Besonders in der Pubertät, die mehr oder weniger problematisch erlebt wird, geht es um die notwendige Anerkennung von anderen. Das Selbstwertgefühl ist noch sehr fragil – die meisten sehen den „Einstieg zum Erfolg" in einem dünnen Körper.

b In der Pubertät geht es – schon immer – auch um die Angst, anders zu sein als die anderen, negativ aufzufallen und somit nicht dazuzugehören. Was das Äußere angeht, geraten auch die Jungs zunehmend unter Druck. Die Anfragen, wie sie Muskeln kriegen können, nehmen zu, auch die, wie sie abnehmen können.

c O ja, leider! Jedes vierte Mädchen zwischen 7 und 10 Jahren hat schon Diäterfahrung und jedes zweite Mädchen bis 15 macht Diäten.

Die Kritik am Körper, an seiner Form, am Gewicht, am Aussehen, der Wunsch, „Kontrolle" über den Körper zu haben, wird heute früher und häufiger als noch vor etwa zehn Jahren problematisiert. Was damals die 14- bis 16-Jährigen an sich kritisiert haben, kommt heute in der Regel schon von 12-Jährigen.

Ein Interview auswerten und zusammenfassen

d Es findet eine starke Differenzierung im Aussehen statt. Noch vor einigen Jahren war es selbstverständlich, dass Mann und Frau, Junge und Mädchen ähnliche Klamotten trugen. Heute ist Trend, das eigene Geschlecht nach traditionellen Rollenmustern hervorzuheben: romantische Rüschenblüschen, engste Tops und Hosen für Mädchen, der Bauchnabel mit oder ohne Piercing; breite Schultern für Männer – also eine stark erotisch geprägte Inszenierung.

Wie in vielen Bereichen muss es auch in puncto Körper ganz schnell gehen: „Ich muss dringend 10 Kilo runterhaben, weil wir in drei Wochen auf Klassenfahrt gehen und da ist ein Junge dabei, den ich total süß finde. Sagt mir, wie ich das schaffen kann. Es eilt!"

e Ja, durchaus. Wobei es meist dabei bleibt, das in Gedanken durchzuspielen. Schon 14- oder 15-Jährige fragen, ob sie Brustoperationen machen lassen können, ältere Mädchen fragen gezielt nach Schönheitschirurgen. Ich habe viele Briefe mit detaillierten Zeichnungen dessen gesehen, was sie an sich verändern wollen: längere Beine, Schultern schmaler, Bauch weg, Oberschenkel dünner.

Bei Jungs steht der Leistungsgedanke immer noch stark im Vordergrund, geht es neben dem durchtrainierten Körper auch um technische Anfragen wie „Kann ich meinen Penis verlängern lassen?" Die Frage aller Fragen ist schwer auszurotten.

2 Fasse das für dich Wichtigste aus jedem Abschnitt in ein oder zwei Sätzen zusammen. Du kannst die folgenden Satzanfänge zu Ende führen. Jeder Satz bezieht sich auf einen Abschnitt des Interviews.

Immer mehr Mädchen im Grundschulalter _____

_____

In ihrem Wunsch nach einem perfekten Körper orientieren sie sich _____

_____

In der Pubertät ist es für Jungen und Mädchen besonders wichtig _____

_____

Um einen attraktiven Körper zu bekommen, denken manche sogar _____

_____

Beim Outfit von Jugendlichen fällt auf _____

_____

3 In dem Interview hast du eine Menge darüber erfahren, wie Kinder und Jugendliche ihren Körper wollen. Welche Probleme möchtest du mit deinen Mitschülern diskutieren?

Eine Mindmap erarbeiten

1️⃣ Erschließe dir den folgenden Sachtext. Du sollst anschließend in wenigen Sätzen aufschreiben, worum es in dem Text geht (Aufgabe 2). Außerdem sollst du die Informationen in einer Mindmap übersichtlich darstellen (Aufgabe 3). Schau dir vor dem Lesen noch einmal die *Tipps für Textprofis* im Schülerband an (S. 248/249) und überlege, welche Tipps dir bei der Lösung dieser Aufgabenstellungen helfen können.

Hightech für die Füße

Martin Verg

Was haben Autoreifen mit Turnschuhen zu tun? Ohne die Erfindung des Gummis gäbe es beide nicht. Allerdings ist es lange her, seit ein bisschen Gummi, Leder und Kunststoff noch reichten, einen Sportlerfuß zu verwöhnen …

David Beckham ist Popstar vom Scheitel bis zur Sohle: Immer wieder verblüfft der Kapitän von Englands Fußballteam die Welt mit verrückten Frisuren und – neuen Schuhen. Die letzten waren champagnerfarben, passend zum Ball, mit dem bei der Weltmeisterschaft 5 in Korea und Japan gespielt wurde. Doch Beckhams Treter sehen nicht nur schick aus – mit denen bolzt es sich auch gut: Das spezielle Obermaterial erlaubt dem Spieler, seinen Pässen einen besonderen Kick zu geben, während Sohle und Stollen dafür sorgen, dass 10 er dabei nicht auf die Nase fällt.

Einem Sportsmann früherer Zeiten wäre jedenfalls die Kinnlade runtergefallen beim Anblick solcher Schuhe. Denn ganz gleich ob Fußball oder Tennis: Bis weit ins 19. Jahrhundert trugen Sportler echte Klötze 15 an den Füßen; manche Paare wogen mehr als ein Kilogramm. Ein Schuh sollte schützen, mehr nicht.

Dann kam Charles Goodyear. Im Jahr 1839 machte der Amerikaner eine bahnbrechende Erfindung: das Gummi. Dieses neue Material beflügelte Techniker, Ingenieure und – Schuster. War bisher jeder 20 nur auf Ledersohlen gelaufen, gab es nun ein Material, das viel elastischer und widerstandsfähiger war. Bald schon kamen die ersten leichten Turnschuhe auf den Markt – aus Stoff und mit Gummisohle.

Zu den berühmtesten Sportschuh-Pionieren seit den 1920er- 25 Jahren gehörten Rudolf und Adolf Dassler aus dem bayerischen Herzogenaurach, die Gründer von Puma und adidas. Allein Adolf sicherte sich in seinem Leben über 700 Patente, die meisten rund um den Schuh. Er entwickelte etwa Fußballschuhe, unter die man – je nach Wetter – verschiedene Stollen schrauben konnte. In diesen 30 Tretern wurde das deutsche Team 1954 Weltmeister.

Eine Mindmap erarbeiten

*Klötze zum Bolzen:
Vor 100 Jahren wog ein Paar
Fußballschuhe noch mehr als ein
Kilo (links). Undenkbar für heutige
Spieler wie den Briten David
Beckham (Seite 78), dessen
aktuelle Fußballschuhe im Foto
rechts abgebildet sind.*

Doch mittlerweile haben Leder und Gummi fast ausgedient. Die Turnschuh-Industrie verbaut heute Hightech-Materialien mit Zungenbrecher-Namen wie „Ethylvinylacetat"; es gibt Polster, die beim Laufen und Springen jeden Stoß dämpfen, kleine Kissen in der 35 Sohle, die mit Gas oder Gel gefüllt sind. Der letzte Schrei: gefederte Absätze aus einem gummiartigen Kunststoff, der auch bei Formel-1-Rennwagen in die Federung eingebaut wird, damit Schumi und Co. es bequemer haben.

Doch längst tragen nicht mehr nur Sportler Sportschuhe. Kennt 40 ihr jemanden, der keine Nike-, Reebok- oder adidas-Schuhe im Schrank hat? In den USA wurden letztes Jahr allein an Kinder und Jugendliche 107 Millionen Paar verkauft. Und weil die Hersteller möchten, dass es so bleibt oder sogar noch besser wird, lassen sie sich jedes Jahr etwas Neues einfallen: ein noch besseres Polster, ein 45 noch grelleres Design. Heute sehen die meisten Turnschuhe aus, als trüge man Raumschiffe am Fuß – manche leuchten nachts, andere haben Schrittzähler oder eine Miniluftpumpe.

Dafür wollen die Hersteller richtig Geld sehen: 150 Euro sind durchaus normal. Weil die Einnahmen zum großen Teil in die 50 Entwicklung neuer Modelle und vor allem in die Werbung gehen, sparen die Firmen bei der Herstellung. Fast alle haben die Produktion abgegeben nach China, Indonesien oder auf die Philippinen. Denn dort verdient ein Arbeiter nur wenige Cent, hat lange Arbeitstage und kaum Sicherheit: Wer krank wird, verliert nicht 55 selten seinen Job.

Nachdem es in Europa und den USA gegen diese Methoden Proteste gab, haben die Firmen Besserung gelobt. Trotzdem: Wenn ihr mal einen Blick in eure Turnschuhe riskiert, werdet ihr mit ziemlicher Sicherheit feststellen, dass die aus einem der so ge- 60 nannten Billiglohnländer kommen.

Problematisch sind auch viele der verwendeten Materialien, etwa das Spezial-Gas in den Luftpolstern. Das verstärkt den Treibhauseffekt fast 24 000-mal mehr als dieselbe Menge Kohlendioxid. Immerhin: Damit nicht jedes Jahr Abermillionen Paare ausge- 65 latschter Sportschuhe einfach in den Müll wandern, nimmt etwa die Firma Nike sie zurück. Denn so wie aus alten Zeitungen Klopapier wird, kann man auch die Schuhe zum Teil wiederverwerten – in Turnhallenböden und Sportplätzen.

Eine Mindmap erarbeiten

> Der Text handelt von …
>
> In dem Text „Hightech für die Füße" geht es um …
>
> In dem Zeitschriften-artikel erfahre ich etwas …

2 Schreibe in wenigen Sätzen auf, worum es in diesem Text geht:

_____

_____

_____

3 Stelle jetzt die Informationen des Textes übersichtlich als Mindmap zusammen.

Bevor du beginnst, musst du dir klar darüber werden, wie du das Zentrum deiner Mindmap formulieren willst: Hightech für die Füße, Sportschuhe damals – Sportschuhe heute, Vom Kiloklotz zum Hightech-Treter …

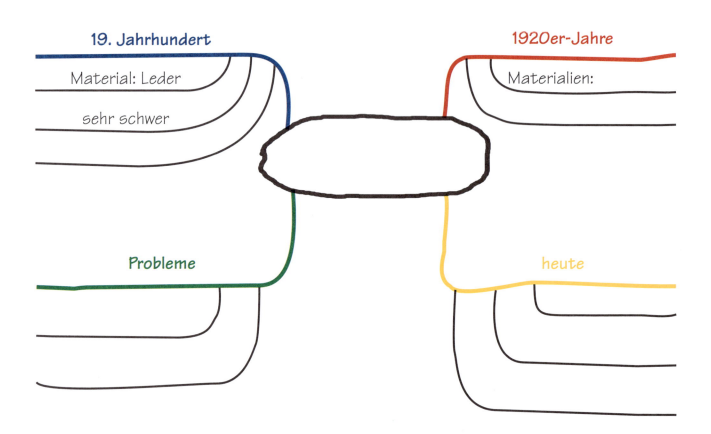

4 Prüfe jetzt noch einmal, ob das Thema in der Mitte deiner Mindmap gut zu den zusammengetragenen Informationen auf den Ästen und Zweigen passt.

5 Vergleicht eure Arbeitsergebnisse miteinander.

wortstark 4
Werkstattheft

Lösungsteil

Dieser Lösungsteil gehört _____

Im Lösungsteil findest du Originaltexte und zu vielen Aufgaben Lösungen. Aufgaben, zu denen es Lösungen gibt, sind im Werkstattheft durch grüne Aufgabennummerierung gekennzeichnet.

Lies genau, was du geschrieben hast!	**Bevor du ein Arbeitsergebnis mit dem Lösungsteil überprüfst,** lies noch einmal nach, was du wirklich geschrieben hast – nicht, was du schreiben wolltest. Sprich beim überprüfenden Lesen deutlich und langsam mit – wenn du allein bist, mit Murmelstimme.

Fehler und Text-schwächen markieren!

Markiere beim überprüfenden Lesen, wo du etwas ersetzen oder ergänzen willst. Probiere anschließend verschiedene Möglichkeiten aus.

Lies noch einmal im Zusammenhang!

Lies nach jeder Berichtigung jeweils die Textteile, die vor und nach der berichtigten Textstelle liegen. Klingt der Text nun besser? Ist er genauer und anschaulicher?

Rechtschreib-, Zeichensetzungs- und Grammatikfehler entdeckst du in deinen eigenen Texten am besten, wenn du sie in drei Korrekturschritten bearbeitest:

1. Lese- und Korrekturschritt:

Lies den Text Satz für Satz von oben nach unten.
– Habe ich Wörter weggelassen?
– Stimmt die Reihenfolge der Wörter?
– Habe ich alle Punkte, Frage-, Ausrufezeichen und Kommas gesetzt?

2. Lese- und Korrekturschritt:

Nun wird der Text umgekehrt, von hinten nach vorn gelesen. Nur das Wort, das gerade gelesen wird, ist sichtbar. Die anderen Wörter kannst du durch eine Kontrollkarte nach oben und zur Seite abdecken.
– Fehlen Buchstaben?
– Habe ich Buchstaben vertauscht?

3. Lese- und Korrekturschritt:

Zum Schluss wird der Text noch einmal wie im ersten Schritt Wort für Wort, Satz für Satz von oben nach unten überprüft. Dabei achtest du auf ein Rechtschreibproblem, das du von dir kennst, und wendest die erlernten Rechtschreibstrategien an:
– richtig groß oder klein?
– *ä* oder *e*? *äu* oder *eu*?
– *ss* oder *ß*? ...

Seite 6:

1️⃣ An der letzten Strophe (Signalwort „Du").

2️⃣ In den Strophen mit vier Versen reimen sich jeweils der zweite und vierte Vers. In der zweizeiligen Strophe reimen sich die beiden Verse.
Bauprinzip: In jedem Satz wird eine Wohnung und ein Bewohner genannt. Meist wird im ersten Satz einer Strophe erst der Bewohner, dann die Wohnung genannt, im zweiten Satz umgekehrt.

Seite 7:

2️⃣ **Sehnsucht**   *Juliane Kühne*

auf dem langen weißen Wolkenband am Horizont gehen
in die Sonne blinzeln
und immer wieder tief durchatmen
an jemanden denken ...
Musik ist in meinen Ohren
Augen, sie sehen nicht, was sie sehen
weit weg sind meine Gedanken
ich öffne die Augen
vor mir
   – schrecklich traurig und wunderschön –
die weite Ebene
hinter mir
      zu Haus

Seite 9:

1️⃣ Jahreszeit: Sommer; „Tageszeit": Nacht.

2️⃣ Konjunktive: „hätt(e) geküsst", „müsst(e) träumen", „flöge". Durch den Konjunktiv werden Gedanken und Vorstellungen ausgedrückt. (Zur Verwendung des Konjunktiv II kannst du im Schülerband nachlesen: S. 231f.)

3️⃣ Adjektive: still, sacht, leis, sternklar, weit, still.
Durch diese Adjektive entsteht eine ruhige, andächtige, besinnliche Stimmung.

4️⃣ Original-Überschrift: Mondnacht.

Seite 10:

1️⃣ – Wann und wo ereignet sich die Begebenheit? Zu Lebzeiten des Arztes (also am Beginn des 19. Jahrhunderts), in der Berliner Praxis des Arztes.
– Welche Personen kommen vor? Der Arzt Ludwig Heim, die leidende Dame.
– Was erfahren wir über die Personen? Der Arzt ist berühmt und schlagfertig; die Dame leidet öfter an Kopfschmerzen und ist wegen der seltsamen Empfehlung verlegen.
– Welcher Charakterzug des Arztes wird in dem überraschenden Schluss deutlich? Schlagfertigkeit, Ironie.
– Was will der Arzt mit seiner Antwort eigentlich sagen? Er hält nichts von der Empfehlung.

Seite 12:

1️⃣ Wilfried Naumann war da, um ein Buch zurückzubringen. Die Frau hat ihn einen Augenblick allein gelassen. Da es keine Spuren eines Einbruchs gibt, bleibt nur der Freund Naumann als Dieb übrig.

Seite 13:

2️⃣ Herr Morph fährt zu Herrn Naumann, um das Geld zu holen. Als dieser den Diebstahl abstreitet, erklärt Herr Morph die Freundschaft für beendet.

3️⃣ Morph schickt das Geld zurück, das der Freund ihm hat bringen lassen. Er erklärt die Freundschaft erneut für beendet, da er selbst wegen seiner zu schnellen Verurteilung des Freundes ihrer nicht wert ist.

Seite 14:

1️⃣ – Ludwig ist ein Lärmer, weil er krank ist: Er leidet an Selbstsucht, kann immer nur an sich denken.
– Ludwig hört nichts oder versteht alles falsch, kann nicht antworten. Er kennt nur sich, weil er nur an sich denkt.
– Welche Meinung der Erzähler dazu hat: Armer Ludwig, wie langweilig ist das!

Seite 16:

1️⃣ Vorschläge/Möglichkeiten:
– uneben: unverständlich, anders, verrückt
– daselbst: dort, da
– Taler: Goldstück, Euro
– dahergegangen: vorbei
– unterdessen geschwinde: gleichzeitig schnell
– Unrecht schlägt seinen eigenen Herrn: Wenn man anderen Unrecht tut, fällt es auf einen selbst zurück. Wer Unrecht tut, muss auch mit Folgen rechnen.
– unbescholtene Rechtschaffenheit: guter Ruf
– Päcklein: Päckchen, Geldpaket
– zum Voraus: im Voraus, bereits
– feierliche Versicherung: feierliches Versprechen

Seite 17:

3️⃣ Zeile 1-3, 11, 13/14, 20-22, 30.

4️⃣ Der Schluss der Geschichte:

... so kann auch das Geld des Letztern nicht das näm-liche sein, auf welches der Erstere ein Recht hat. Du, ehrlicher Freund, nimmst also das Geld, welches du gefunden hast, wieder zurück und behältst es in guter Verwahrung, bis der kommt, welcher nur siebenhundert Taler verloren hat. Und dir, da weiß ich keinen andern Rat, als du geduldest dich, bis derjenige sich meldet, der deine achthundert Taler findet." So sprach der Richter, und dabei blieb es.

Seite 23:

2️⃣ Alle Argumente werden im Text genannt:
– Argument (1): Z. 16-18
– Argument (2): Z. 48-50
– Argument (3): Z. 9-11
– Argument (4): Z. 19/20
– Argument (5): Z. 56-58
– Argument (6): Z. 34-37

3️⃣ Standpunkt C wird durch die Argumente (1), (3) und (4) gestützt. Zu Standpunkt D passt Argument (6).

Seite 24:

5️⃣ „... dass Sie den Schulkonferenzbeschluss" bis zum Schluss: „... sollte man auch nutzen ..."

Seite 25:

2️⃣ (a) Hauptpersonen: Herr Morph und sein Freund Naumann.
(b) Zeitraum: einige Tage.
(c) Herr Morph beschuldigt seinen Freund, ihm Geld gestohlen zu haben; dieser streitet das ab. Herr Morph bricht daraufhin den Kontakt ab.
(d) Als sich herausstellt, dass der Freund unschuldig ist, zieht Morph daraus die Konsequenz, dass er selbst der Freundschaft nicht würdig ist, weil er seinem Freund so etwas zugetraut hat. Der Kontakt zum Freund wird nicht wieder aufgenommen.
(e) Der Ausgang der Geschichte ist überraschend; man hätte eher erwartet, dass Morph sich entschuldigt und den Kontakt wieder aufnehmen will.

Seite 28:

2 Folgende Stichpunkte fehlen noch in dem Text:
– Nur schwarzer Text auf weißem Grund
– Fläche in obere und untere Hälfte aufgeteilt
– UNICEF-Zeichen fett gedruckt
– Wasser von weit her, verseuchtes Wasser, Erkrankung und Tod von Kindern
– Bankverbindung und Spendenhotline

Seite 32:

1 Das Argument lautet: Denn die Minderheit der Raucher belästigt doch ohne Rücksicht alle, die nicht rauchen und den Qualm nicht ausstehen können.

Seite 34:

1 die Fress/sucht, das Schritt/tempo, die Kunst/stoff/fabrik, das Papp/plakat, mit/teilen, zer/reißen, aus/sperren, auf/fassen, ent/täuschen, über/raschen, un/nütz, aus/sichts/los, mit/teil/sam, vor/rang/ig, be/ein/fluss/bar, er/regt

2 die Bet ten – sie be ten, die Rat ten – sie ra ten, die Ro se – die Ros se, die Schlaf fen – schla fen, die Na se – nas se, der O fen – of fen, ihr sollt – sie sol len, der Sold – die Sol de, die Hüt ten – die Hü te, die Qual len – die Qua len

3 du hebst – wir he ben, er log – wir lo gen, er bewegt – wir bewe gen, er liest – wir le sen, er schob – wir scho ben, das Glas – die Glä ser, er rennt – wir ren nen, sie kam – wir ka men, sie stellt – wir stel len, er brüllt – wir brül len, es knallt – wir knal len, der Kamm – die Käm me, du gräbst – wir gra ben, sie briet – wir brie ten, bunt – bun te, er mag – wir mö gen, du bringst – wir brin gen, lang – lan ge, der Hals – die Häl se, der Beweis – die Bewei se, der Kreis – die Krei se, das Gleis – die Glei se

4 brenn bar – bren nen, die Blas musik – bla sen, der Web stuhl – we ben, les bar – le sen, farb los – die Far be, farb lose, der Gedulds faden – die Geduld – gedul dig, die Brems spur – brem sen, wasserlös lich – lö sen, kreis rund – die Krei se, run de, die Lob rede – lo ben, trüb selig – trü be, der Gras halm – die Grä ser, der Rund lauf – die Run de

Seite 35:

5 großflächig (die Fläche/flach), das Rätsel (raten), teuer, äußerlich (außen), bedeutend, die Beleuchtung, die Kräuter (das Kraut), sich rächen (die Rache), es leuchtet, drängen (der Drang), das Zelt, erklären (klar), der Bräutigam (die Braut), die Menge

6 Er möchte nie mehr (nicht noch einmal) mit dem Schiff aufs Meer (die See).
Ob die Geschichte wohl wahr war (Präteritum von *sein*)?
Die Lerche (der Vogel) sitzt in der Lärche (dem Baum) und singt.
Er malt (zeichnet) einen Müller, der das Korn zu Mehl mahlt (zerkleinert).
Du hast (von *haben*) ihn wohl sehr gehasst (Partizip von *hassen*).
Er stemmt dicke Stämme (von *Stamm*).

7 das Maß (die Ma-ße), der Gruß (die Grü-ße), der Fluss (die Flüs-se), der Fuß (die Fü-ße), der Spießbürger (die Spie-ße), die Bisswunde (die Bis-se), beeinflusst (beeinflus-sen), die Auffassung (die Auffas-sungen)

8 Was-ser, Flüs-sigkeit, Was-ser, Kreis-lauf – die Krei-se, Fluss – die Flüs-se, Süß-wasser – sü-ße, Eis – ei-sig, Flüs-sen, flüs-sig, Was-serdampf, gas-förmig – die Ga-se, äu-ßerste, Was-seraufnahme, Was-ser, Was-ser, gelös-te – lö-sen, ausgesto-ßen, Es-sens

Seite 36:

2

Nomen	Adjektive	Verben
Todfeind	todkrank	totlachen
Atomtod	todelend	totschlagen
Todsünde	todtraurig	totschweigen
Tod	todgeweiht	totfahren
Todesangst	todernst	totsagen
Todesmut	todlangweilig	tottrampeln
…	…	…

Als Faustregel kannst du dir merken:

3 In Nomen und Adjektiven schreibt man den Wortbaustein T/tod mit d, in Verben den Wortbaustein tot mit t.
Beachte aber: *tot, der Tote* und alle Adjektive und Nomen, die davon abgeleitet sind, schreibt man mit t: *totenstill, totgeboren, Totenstille, Totgeburt, Totschlag* …

5 Albatros, Ukas, Physik, Ventil, Molekül, Globus.

Seite 37:

1 Protokoll, Reaktion, Interpretation, Kontinent, Konzert, Intervall, Prospekt, Resignation, Resonanz, Promenade, Kontrolle, Konflikt, Interesse, Internat, Produkt, Resultat.

2 Abstinenz, Arroganz, Brillanz, Brisanz, Intelligenz, Kompetenz, Konsequenz, Präsenz, Toleranz.
Aus den Adjektiven lassen sich Nomen bilden, indem man das *t* durch ein *z* ersetzt.

Seite 38:

1 Berührung: Kontakt   schlecht: negativ
Sportler: Athlet   vollendet: perfekt
Lage: Situation   klug: intelligent
Brauchbarkeit: Qualität   wirksam: effektiv
Gespür: Instinkt   überlegen: genial
Schande: Makel   genau: präzise

2 Gerd ist für sein Alter sehr ballsicher, hat ein geniales Spielverständnis und ein präzises Auge. Er schlägt perfekte Pässe und hat während des Spiels viele Ballkontakte. Für einen Mittelfeldathleten hat Gerd einen guten Torinstinkt. Er begreift eine Situation rascher als andere und zeigt durchaus Führungsqualitäten. Er ist ein intelligenter Spieler, der während des Spiels nie negativ auffällt. Sein Spiel ist fast ohne Makel.

Seite 39:

3, 4

Wortbeispiele zu Tipp 1	Wortbeispiele zu Tipp 2	Wortbeispiele zu Tipp 3
der Kontakt	intelligent	
der Instinkt	effektiv	
perfekt		
effektiv		
der Effekt	die Batterie	die Batterie
die Panik	der Effekt	die Garantie
die Klinik	das Kotelett	die Industrie
die Kritik	das Modell	die Alchimie
	das Quartett	
	das Tablett	

5 trainieren, frisieren, kritisieren, riskieren, fantasieren, modellieren.

Seite 40:

1 Glaubt diesem Gequatsche über eine Kürzung der Ferien nicht. Sein ständiges Reden über die Wichtigkeit von Bewegung geht vielen allmählich auf die Nerven.
Die Freude am Tischtennisspielen habt ihr ihm durch eure Verspottungen und euer ständiges Ärgern verdorben.
Beim Diskutieren der Vorschläge zur Verlängerung der Pausen gab es während der Lehrerkonferenz grundsätzliche Bedenken.
Gutes Benehmen und ein ordentliches Auftreten ist für viele eine Selbstverständlichkeit und muss nicht auch noch durch ständiges Wiederholen eingeübt werden.

2 (a) eine Kürzung, der Ferien, die Wichtigkeit ...
(b) diesem Gequatsche, sein ständiges Reden, eure Verspottungen ...
(c) am Tischtennisspielen, beim Diskutieren, zur Verlängerung ...
(d) ständiges Ärgern, grundsätzliche Bedenken, gutes Benehmen ...

3 – Kürzung, Wichtigkeit, Bewegung, Verspottungen, Verlängerung, Selbstverständlichkeit
– sein ständiges Reden, am Tischtennisspielen, ständiges Ärgern, beim Diskutieren, grundsätzliche Bedenken, gutes Benehmen, ordentliches Auftreten, ständiges Wiederholen

Seite 41:

1 (a) nicht das Gelbe vom Ei: nicht das Vorteilhafteste
(b) im Großen und Ganzen: im Allgemeinen, insgesamt
(c) aus dem Vollen leben: leben, ohne sich einzuschränken
(d) ins Blaue planen: ohne Ziel planen
(e) auf dem Trockenen sitzen: seine Reserven aufgebraucht haben
(f) etwas im Geheimen tun: etwas heimlich tun
(g) auf ein Neues: noch einmal von vorn
(h) sein Gutes haben: eine positive Seite haben
(i) das Blaue vom Himmel versprechen: Unmögliches versprechen
(j) in die Vollen gehen: sich mit ganzer Kraft einsetzen
(k) in alter Frische: so gesund und unbeschwert wie heute

2 das Gelbe – gelb, im Großen und Ganzen – groß/ganz, aus dem Vollen – voll, ins Blaue – blau, auf dem Trockenen – trocken, im Geheimen – geheim, auf ein Neues – neu, sein Gutes – gut, das Blaue – blau, in die Vollen – voll, in alter Frische – frisch

3 Wenn Adjektive nominalisiert werden, bekommen sie eine Endung: -e, -en, -es, -er.

4 das, im, aus dem, ins, auf dem, auf ein, sein, in die, in alter.

5 Zum Beispiel: ein Hungriger, das Eintönige, der Ratlose, etwas Grobes, die Glücklose, alles Interessante, ein Satter, das Nahe, etwas Rotes.

Seite 42:

1 (a) Haben Sie sie in Ihr Auto steigen sehen?
(b) Haben sie Sie in ihr Auto steigen sehen?
(c) Haben sie Sie in Ihr Auto steigen sehen?
(d) Haben Sie sie in ihr Auto steigen sehen?

2 Der Lehrer zum Vater von Zwillingen: „Mit Ihren Kindern ist das ein rechtes Kreuz, beim Diktat machen sie immer wieder die gleichen Fehler. „Nun ja", sagt der Vater, „wenigstens haben sie ein gutes Gedächtnis!"

Seite 43:

1
Du musst bei der Lösung der Aufgaben gut nachdenken.
Mir blieb kaum Zeit zum Nachdenken.
Bei der Unruhe fällt mir das Nachdenken schwer.

An Straßen zu wandern, macht keinen Spaß.
Das Wandern entlang von Straßen lehne ich ab.
Fürs Wandern braucht man geeignete Schuhe.

Für viele war die Information neu.
Die Neuen müssen sich erst einfinden.
Das Neue ist nicht immer auch erfreulich.
Gerade kommt eine neue E-Mail.
Steht im Brief etwas Neues?

2 Hallo, wie geht es Ihnen?
Danke, ich fühle mich ganz in Ordnung. – Und Ihnen?
Ich fühle mich gut. Was gibt es Neues?
Noch ist nichts Überraschendes passiert; aber es liegt etwas in der Luft.
Was steht bevor? Droht etwas? Nun lassen Sie mal die Kirche im Dorf.
Ich übertreibe schon nicht! – Es steht was auf dem Spiel.
Was soll zunichtegemacht werden?
Abwarten und Tee trinken!
Ich soll mich gedulden? Lassen Sie endlich die Katze aus dem Sack!
Ich habe gehört, sie will ihm den Laufpass geben.
Von ihm will sie sich trennen? – Da bin ich aber von den Socken!
Sind Sie wirklich überrascht?
Da bleibt mir glatt die Spucke weg.
Jetzt sind Sie wohl sprachlos ...

Seite 44:

1 dienstags, abends, nachmittags, nachts, montagabends
jeden Tag, am Tag darauf, am Mittag, am Samstagabend, jedes Jahr

2 „Hi, können wir unseren Termin auf Dienstag verschieben?"
„Da heute Sonntag ist, wäre das übermorgen. Mit wäre mittwochs gegen Mittag lieber."
„Gut, ich bin gegen Viertel vor zwölf da. Und du warst heute Morgen schon so früh unterwegs?
Ja, ich mache regelmäßig sonntagsmorgens eine längere Fahrradtour. Tschüss, bis morgen. Nein bis Dienstagmittag!"

Seite 45:

1 a) gehen lassen, b) stehen bleiben/stehenbleiben, c) steigen lassen/steigenlassen, d) gehen lassen/gehenlassen, e) spazieren gehen, f) kennen lernen/kennenlernen

2 b) fallen lassen/fallenlassen, c) lassen/fallenlassen, e) sitzen geblieben/sitzengeblieben, f) sitzen geblieben/sitzengeblieben, h) sitzen lassen/sitzenlassen

Seite 46:

1 a) leicht fallen, b) flüssig lesen, c) kürzertreten, d) großschreiben, e) näher kommen, f) krummlachen, g) nahebringen, h) totarbeiten, i) falschliegen, j) flachfallen, k) genau nehmen, l) geradestehen, m) offen bleiben

2 Zum Beispiel:
a) Die Arbeit ist mir leichtgefallen
b) –
c) Du musst den Freistoß kürzer treten.
d) An der Tafel muss man groß schreiben.
e) Durch den gemeinsamen Urlaub sind wir uns nähergekommen.
f) Nach der Zahnbehandlung konnte er nur krumm lachen.
g) Er soll das Boot nahe an das Ufer bringen.
h) Niemand kann tot arbeiten.
i) Heute Nacht habe ich im Bett falsch gelegen.
j) Das Blatt Papier ist flach auf den Boden gefallen.
k) Du musst genau zwei Esslöffel Zucker nehmen.
l) Der Betrunkene konnte nicht mehr gerade stehen.
m) Die Antwort auf diese Frage ist offengeblieben.

Seite 47:

2 „Können Fische eigentlich auch schlafen?", fragt Peter Natascha.
„Natürlich", antwortet sie, „wozu gibt es sonst ein Flussbett?"

Der Lehrer spricht ausführlich über die Gefährlichkeit von Seuchen. Da bemerkt er, dass Fritz wieder mal geschlafen hat. „Na, Fritz", weckt er ihn unsanft, „was sind denn nun Seuchen?" Fritz blinzelt verschlafen. „Seuchen? Das sind kleine Säue, Herr Lehrer."

3 „Na, Bernd, was macht ihr denn gerade im Unterricht?", fragt der Vater aufmunternd. „Ach, Bruchrechnung. Wir suchen den Nenner", antwortet Bernd. „Was", sagt der Vater, „hat man den immer noch nicht gefunden? Den haben wir doch schon damals zu meiner Zeit gesucht."

4 Dies ist eine Möglichkeit der Umformung; du kannst es natürlich auch etwas anders machen:

Tom kommt mit dem Zeugnis nach Hause. Die Mutter ist entsetzt und sagt: „Dein Zeugnis gefällt mir ganz und gar nicht." „Mir gefällt es auch nicht", meint daraufhin Tom, „aber wenigstens haben wir den gleichen Geschmack."

Seite 48:

1 Fast jeder probiert es im Laufe seiner Schulzeit aus, dass er die Schule schwänzt.
Einige bekommen mit dem Schwänzen ein Problem, wenn es zum Selbstläufer wird.
Es hat meistens mehrere Gründe, dass das Schulschwänzen sich häufig wiederholt.
Manche kommen nicht zur Schule, da sie sich keine schlechten Noten einhandeln wollen.
Andere vertreiben sich die Zeit im Kaufhaus, damit sie nicht schikaniert werden.
Andere fürchten sich davor, dass sie von Lehrern getadelt werden.
Schulschwänzer machen immer weiter, falls keiner ihnen Grenzen setzt.
Viele Schulen informieren deshalb sofort die Eltern, damit das Schwänzen sich nicht wiederholt.
So bleibt es in den meisten Fällen beim Kavaliersdelikt, wenn alle vernünftig sind.

Seite 49:

2 Die Nebensätze sind unterstrichen:

Hunde jagen hinter allem her, <u>wenn sie nicht an der Leine geführt werden</u>.
Skater sind sich schnell bewegende Wesen, <u>weshalb Hunde sie als Jagdobjekte betrachten</u>.
<u>Wenn es zu einer Begegnung zwischen Skatern und frei laufenden Hunden kommt</u>, kann es Probleme geben.
Das Hundeherrchen ist darauf oft nicht vorbereitet, <u>weil sein Tierchen sonst lammfromm ist</u>.
<u>Wenn ein Skater an einem Hund vorbeiflitzt</u>, wird im Hund der Jagdinstinkt geweckt.
Der wird manchmal ganz plötzlich wach, <u>sodass auch das Herrchen davon überrascht ist</u>.
Der ruft seinem Liebling ein „Sitz!" zu, <u>wobei der das dann wohl als „Flitz!" versteht</u>.
Jedenfalls ist der Jagdinstinkt oft so stark, <u>wie Herr und Hund es sich selbst oft nicht träumen lassen</u>.
Der Skater andererseits wird vom Fluchtinstinkt getrieben, <u>da er sich gejagt fühlt</u>.
So kommt es zur Konfrontation zweier Instinkte, <u>wie das ja öfter passiert</u>.
Der Konflikt ist nur dadurch zu lösen, <u>dass der Skater stehen bleibt oder schneller ist</u>.
Natürlich hast du gemerkt, <u>dass der Text ziemlich ironisch ist</u>.

Seite 50:

1 So kannst du es zum Beispiel machen:

Ich wüsste gern, <u>was während einer Betriebsbesichtigung passiert</u>.
Ich frage mich, <u>wer den Betrieb ausfindig macht</u>.
Es interessiert mich, <u>wie ihr die Einladung formuliert</u>.
Ich möchte gern Bescheid wissen, <u>wie ihr das Ziel erreicht</u>.
Ich frage mich, <u>was euch am meisten interessiert</u>.
Es interessiert mich, <u>welche Fragen ihr stellen wollt</u>.
Wir wollen herausfinden, <u>ob wir im Betrieb fotografieren dürfen</u>.
Wir legen fest, <u>wer die Fragen stellt und die Antworten notiert</u>.
Ich möchte gern Bescheid wissen, <u>wer das Protokoll schreibt</u>.
Ich wüsste gern, <u>in welcher Form ihr euch bedanken wollt</u>.

Seite 51:

1 In Großbritannien muss **jemand**, <u>der seine Krokodile, Würgeschlangen, Schnappschildkröten oder andere Reptilien entlaufen lässt</u>, für die **Kosten**, <u>die das Einfangen der Tiere verursacht</u>, selbst aufkommen.

2 (a) Bei einem Angriff eines Bussards, <u>der sich während der Brut gestört fühlte</u>, hat ein Radfahrer eine Kopfverletzung erlitten.
(b) Eine Hubschrauberbesatzung entdeckte einen Mann, <u>der nach seiner Schafherde hatte sehen wollen</u>, hilflos in einer Steilrinne.
(c) Eine rot getigerte Katze, <u>die unzulässig die Straße überquert haben soll</u>, wurde als Unfallverursacherin freigesprochen.
(d) Kinder geben ihr eigenes Geld, <u>das sie durch Taschengeld und Geschenke zur Verfügung haben</u>, vorwiegend für Süßigkeiten und Comics aus.

Seite 53:

1 Tattoo ist der englische Ausdruck für Tätowierung, einer Kunst am Körper. Viele Menschen sind der ~~absolut bescheuerten~~ Meinung, dass sich an Tattoos so etwas wie die eigene Persönlichkeit ablesen lässt. Das Tätowieren stammt aus den <u>Traditionen</u> der Südseevölker. ~~Die Alten waren eben echt trendy!~~ Dort bewiesen Jugendliche, ~~coole Typen~~, wenn sie sich tätowieren ließen, Mut und Unempfindlichkeit gegen Schmerzen. ~~Mein Ding ist das nicht!~~ Beim Tätowieren werden <u>Farbpigmente</u> mit Hilfe von Nadeln in tiefer gelegene Hautschichten gestochen. ~~Tut echt weh!~~ Der Tattoo-künstler verwendet dazu eine Maschine oder aber lange Holzstäbe mit metallischer Spitze, die <u>manuell</u> in die Haut getrieben werden. Die <u>Prozedur</u> ist schmerzhaft. ~~Absolut nichts für mich!~~ Sie kann, je nach Größe des <u>Motivs</u>, Stunden dauern. Zu den bekanntesten Tätowierungsmustern gehören die Tribals. Sie stammen aus den Stammesmotiven der Südsee und bestehen ausschließlich aus ~~super~~schwarz gestochenen Linien, die schon von Weitem auffallen. ~~Die sehen echt geil aus!~~ Sie entfalten eine starke <u>optische</u> ~~total kultige~~ Wirkung durch die Einfachheit der Linien und haben sich als Stil am weitesten verbreitet. – ~~Und was, wenn du dein Tattoo wieder loswerden willst?~~ Die Entfernung eines Tattoos ist nur mit Hilfe von <u>Lasern</u> möglich und kann teuer und schmerzhaft sein. ~~Beknackt, wer so was macht!~~

Seite 54:

1 (1) Kühlschrank, (2) eine billige Armbanduhr, (3) Elektroherd mit Uhr, (4) Mineralwasser, (5) Jacke für jedes Wetter, (6) Satelliten-Handy mit Wegweiser, (7) Wanderstiefel, (8) Nervenberuhigungsmittel, (9) ein Rasenmäher, (10) Radiowecker, (11) Gemüse, (12) Insektenvertilgungsmittel, (13) Gasheizungsanlage, (14) Katzenfutter für gesundes Fell, (15) Auto mit Schiebetüren

Seite 55:

1 (a) Lüge, Unehrlichkeit
(b) Jägerlatein, Bluff, Aufschneiderei
(c) Heuchelei, Unehrlichkeit
(d) Ausrede, Vortäuschung falscher Tatsachen
(e) Meineid
(f) Notlüge
(g) Unehrlichkeit, Verlogenheit
(h) Verleumdung

Seite 57:

2 Der gegnerische Mittelstürmer tritt hart nach dem Ball und dieser rollt ins Aus. Nummer 13 packt ihn, hält ihn hoch über den Kopf und wirft Richtung Tor ein. Der hat Kraft! Fast in den Strafraum befördert er den Ball, wo ihn der Libero annimmt. Einen angreifenden Mittelstürmer umtrippelt er und flankt vors Tor. Dort wartet Müller schon und köpft den Ball ins Tor. Nein, nicht ins Tor! Der Torwart faustet ihn über die Latte. Der hat Reaktion! Der Ball landet auf den Zuschauerrängen. Ein Zuschauer hält ihn fest und versucht dann, ihn ins Feld zurückzuwerfen. Wieder einmal legt der Torwart den Ball zurecht und stößt ihn mit Macht vom Tor ab. So geht das nun eine ganze Weile weiter bis plötzlich ein scharfer Pfiff ertönt. Der Schiedsrichter zeigt energisch auf den Elfmeterpunkt. Strafstoß! Müller wurde im Strafraum gefoult! Er tritt an, täuscht den Torwart und platziert den Ball gekonnt in die linke Ecke. Tor!

Seite 58:

1 Am Freitag <u>wurde</u> der Kriminalpolizei ein Geldraub in Höhe von 110 000 Euro <u>gemeldet</u>. Die Wocheneinnahmen einer Firma <u>wurden</u> wie üblich nach Ladenschluss zur Bank <u>gebracht</u>. Dort <u>wurden</u> sie aber nicht <u>eingezahlt</u>. Am gestrigen Samstag nun <u>wurde</u> in einer Mülltonne eine Geldkassette mit 110 000 Euro <u>gefunden</u>. Die Finder <u>wurden</u> wahrscheinlich dabei <u>beobachtet</u>. Wohl deshalb <u>wurde</u> die Polizei zunächst nicht davon <u>benachrichtigt</u>. Erst am Montagmorgen <u>wurde</u> der Fund durch einen Anruf bei einer Polizeidienststelle <u>gemeldet</u>. Wahrscheinlich <u>wurden</u> die beiden Finder <u>bedroht</u>. Aber dann <u>wurde</u> die Geldkassette der Polizei in einer dramatischen Aktion <u>übergeben</u>. Dem Kommissariat <u>wurde</u> auch der Aufenthaltsort des Geldräubers <u>genannt</u>. Der Dieb <u>wurde</u> bald darauf von der Polizei <u>gefasst</u>.

Seite 59:

1 Unsere Mannschaft setzte die Belgier von Anfang an unter Druck.
Die Flügelstürmer rissen die Deckung der Belgier auf.
Dann gab der Schiedsrichter nach einem Foul einen Strafstoß für uns.
Ballack verwandelte ihn im Nachschuss.
In der zweiten Halbzeit spielte unsere Mannschaft noch mehr über die Flügel.
Nach einer wunderbaren Flanke köpfte ein Belgier den Ball ins eigene Tor.

3 Der ganze Text im Aktiv:

(1) Das Spiel gegen Brasilien überschattete von Anfang an ein unglücklicher Stern. (2) Unsere Mannschaft setzte zwar den Gegner in den ersten Minuten noch unter Druck. (3) Der Linksaußen schoss einen Eckstoß beinahe direkt ins Tor. (4) <u>Doch der gegnerische Torhüter lenkte den Ball gerade noch um den Pfosten.</u> (5) Dann verschoss unser Kapitän einen Elfmeter. (6) <u>Danach unterschätzten unsere Spieler den Gegner einfach.</u> (7) Der Trainer wechselte den verletzten Spielmacher aus. (8) <u>Die Mitspieler spielten den eingewechselten Spieler aber zu wenig an.</u> (9) Dann nutzte die gegnerische Mannschaft die Schwäche unserer Mannen gnadenlos aus. (10) <u>Der Gegner überrannte unsere Mannschaft in der zweiten Halbzeit förmlich.</u> (11) Die brasilianische Mannschaft gewann das Spiel mit 3:0. (12) <u>Am Ende pfiffen die Zuschauer unsere Mannschaft aus.</u>

4 Der ganze Text im Passiv:

(1) <u>Das Spiel gegen Brasilien wurde von Anfang an von einem unglücklichen Stern überschattet.</u> (2) <u>Der Gegner wurde (von unserer Mannschaft)</u> zwar in den ersten Minuten noch unter Druck gesetzt. (3) <u>Ein Eckstoß wurde (vom Linksaußen) beinahe direkt ins Tor geschossen.</u> (4) Doch der Ball wurde vom gegnerischen Torhüter gerade noch um den Pfosten gelenkt. (5) <u>Dann wurde (von unserem Kapitän) ein Elfmeter verschossen.</u> (6) Danach wurde der Gegner von unseren Spielern einfach unterschätzt. (7) <u>Der verletzte Spielmacher wurde (vom Trainer) ausgewechselt.</u> (8) Der eingewechselte Spieler wurde aber zu wenig angespielt. (9) <u>Dann wurde die Schwäche unserer Mannen (von der gegnerischen Mannschaft) gnadenlos ausgenutzt.</u> (10) Unsere Mannschaft wurde vom Gegner in der zweiten Halbzeit förmlich überrannt. (11) <u>Das Spiel wurde von der brasilianischen Mannschaft mit 3:0 gewonnen.</u> (12) Am Ende wurde unsere Mannschaft ausgepfiffen.

Seite 60:

1 (a) Alice erzählte mir: „<u>Mir ist</u> in der Sportstunde <u>meine</u> Armbanduhr weggekommen."
(b) Sie sagte mir: „<u>Ich</u> habe sie im Umkleideraum in meinen Schuh gesteckt.
(c) Als <u>ich</u> die Uhr nach der Sportstunde wieder umbinden wollte, <u>ist</u> sie weg gewesen.
(d) <u>Mir ist</u> aufgefallen, dass nach dem Sport die Tür des Umkleideraums offen gestanden <u>hat</u>.
(e) Wahrscheinlich <u>hat</u> sich jemand hereingeschlichen und die Uhr gestohlen.
(f) Jedenfalls habe <u>ich</u> den Vorfall gleich danach dem Hausmeister gemeldet."
(g) Ich habe versucht, sie zu trösten: „Die Uhr <u>wird</u> sich vielleicht doch wieder einfinden."

2 (a) Holger berichtet, auch <u>ihm sei</u> vorige Woche etwas weggekommen.
(b) Er sagt, <u>sein</u> Portmonee <u>sei</u> in der Pause aus der Schultasche verschwunden.
(c) Der Lehrer hat ihn gefragt, <u>ob er</u> es denn wirklich nicht zu Hause gelassen <u>habe</u>.
(d) Holger beteuerte, <u>er wisse</u> ganz genau, dass er es mit in die Schule gebracht habe.
(e) Der Lehrer hat dann die anderen Schüler gefragt, <u>ob</u> sie irgendetwas gesehen <u>hätten</u>.
(f) Aber jeder sagte fast dasselbe, nämlich so etwas wie, <u>er</u> habe nichts bemerkt.
(g) Der Lehrer fragte, wie viel Geld denn in dem Portmonee gewesen <u>sei</u>.
(h) Holger antwortete, <u>er habe sein</u> Taschengeld <u>dabeigehabt</u>, ungefähr zehn Euro.

Seite 61:

3 Z. B. kann der Text so in die indirekte Rede übertragen werden:

(a) Ein Schüler sagte, es <u>müsse</u> endlich etwas geschehen.
(b) Johannes schlug vor, <u>dass sie</u> ja in der Pause eine Klassenaufsicht einsetzen könnten.
(c) Kati machte den Vorschlag, <u>dass</u> der Klassenraum immer abgeschlossen werden muss.
(d) Elvis meinte resigniert, das <u>habe</u> alles sowieso keinen Zweck.
(e) Und Jens fügte hinzu, wer etwas klauen <u>wolle</u>, der <u>schaffe</u> es auch.
(f) Resi rief dazwischen, so <u>könne</u> das aber doch nicht weitergehen.
(g) Ein ganz Schlauer hatte die Idee, <u>dass sie</u> vielleicht einen Klassentresor anschaffen sollten.
(h) Aber der wurde gleich lächerlich gemacht, <u>dass</u> das vielleicht eine super Idee <u>sei</u>.
(i) Und Roland fügte hinzu, wenn dann einer den Tresorschlüssel <u>verbummele</u> und ihn ein Dieb <u>finde</u>, dann <u>könne</u> man sich auf etwas gefasst machen.
(j) Und Hans-Egon meinte, <u>dass</u> man Geld eben immer bei sich tragen <u>müsse</u>. Basta!

Seite 62:

1 Ich <u>bliebe</u> so gern bei dir,
Ich <u>ginge</u> mit dir ins Kino,
Ich <u>brächte</u> dir etwas mit,
Ich <u>fände</u> dich echt toll,
Ich <u>liefe</u> dir niemals weg,
Ich <u>schriebe</u> dir Briefe,
Ich <u>trüge</u> dich auf Schultern,
Ich <u>löge</u> dir nichts vor,
Ich <u>nähme</u> dich in den Arm,
Ich <u>läse</u> dir etwas vor,
Ich <u>riefe</u> dich jeden Tag an,
Ich <u>flöge</u> zu dir,
Ich <u>sähe</u> über alles Schlechte hinweg,
Ich <u>böte</u> dir meine Freundschaft an,
Ich <u>hielte</u> immer zu dir,

        … wenn ich nur könnte!

Seite 63:

1 Ich stelle mir vor, ich <u>wäre</u> ein Star. Ich <u>träte</u> als Sänger im Fernsehen auf. Millionen von Menschen <u>hörten</u> mir zu. Sie <u>sähen</u> auch, wie toll ich tanze. Eine fantastische Band <u>begleitete</u> mich. Wir <u>gingen</u> miteinander auf Tournee. Wir <u>spielten</u> jeden Abend in einer anderen Stadt vor Tausenden von Zuschauern. Manchmal <u>redeten</u> mich völlig unbekannte Leute in der Stadt an und <u>sagten</u>: „Du bist doch der berühmte Johnny Black!" Sie <u>hielten</u> mir mein Foto entgegen und ich <u>müsste</u> ihnen Autogramme geben. Auch in Talkshows <u>lüde</u> man mich ein und <u>stellte</u> mir Fragen nach meiner Karriere und so weiter. In meiner Freizeit <u>wohnte</u> ich in einer Villa am Meer. Ich <u>gäbe</u> viel Geld für Klamotten aus, <u>segelte</u> auf einer Jacht und <u>hätte</u> einen super Sportwagen, mit dem ich durch die Gegend <u>führe</u>. Ich <u>wäre</u> aber auch großzügig und <u>hätte</u> immer etwas für Leute übrig, die nicht so viel Geld haben wie ich. Ja, so <u>wäre</u> das, wenn ich ein Star <u>wäre</u>.

Seite 64:

1 Wenn du die Zeitformen so wählst, entsteht ein gut lesbarer Text:

Wenn unsere Nachbarn verreist sind, <u>passen</u> wir immer auf und <u>achten</u> darauf, dass sich niemand an ihrem Haus zu schaffen <u>macht</u>. Eines Abends <u>beobachtete</u> ich, wie ein Auto vor ihrer Garage <u>hielt</u> und ein Mann mit einer großen Tasche <u>ausstieg</u>. Er <u>ging</u> auf den Hauseingang zu. Ich <u>konnte</u> nicht genau sehen, was er dort <u>machte</u>. Jedenfalls <u>ging</u> ich über die Straße. Und was <u>sehe</u> ich da? Der Mann <u>klingelt</u> an der Tür, <u>macht</u> plötzlich seine Tasche auf und <u>holt</u> etwas heraus. Damit er mich nicht sah, <u>versteckte</u> ich mich hinter einem Gebüsch. Von meinem Platz aus <u>konnte</u> ich den Mann nicht mehr sehen. Ich <u>notierte</u> mir aber die Nummer von seinem Auto. Plötzlich <u>kommt</u> der Mann zu seinem Auto gelaufen, <u>wirft</u> die Tasche hinein und <u>fährt</u> davon. Nun <u>ging</u> ich hinüber zu dem Haus. Die Tür <u>stand</u> offen und Tobi, der Sohn unserer Nachbarn, <u>sitzt</u> seelenruhig da und <u>isst</u> cool eine Pizza. Ich <u>sagte</u> zu ihm, dass ich schon <u>dachte</u>, ein Einbrecher habe sich eingeschlichen. Da <u>lachte</u> er und <u>sagte</u>: „Nein, ich bin für ein paar Tage gekommen, um das Haus zu hüten. Da hatte ich Appetit auf eine Pizza und hab mir telefonisch eine bestellt." Und dafür die ganze Aufregung!

Seite 65:

1 <u>Verständnisvolle</u> Autofahrer, <u>die Rücksicht nehmen</u>, sind auf Straßen <u>ohne Radwege</u> Freunde <u>der Radfahrer</u>.

2 Leider gibt es auch <u>rücksichtslose</u> **Autofahrer**, <u>die so dicht an einem Radler vorbeifahren</u>, dass sie ihn mit dem **Rückspiegel** <u>des Seitenfensters</u> fast berühren und ihn an den **Rand** <u>der Straße</u> drängen. In einer solchen <u>gefährlichen</u> **Situation** kommt es schon einmal vor, dass der **Radfahrer**, <u>der behindert wurde</u>, einen Schreck bekommt, den **Lenker** <u>an seinem Rad</u> verreißt und in einem **Graben** <u>neben der Straße</u> landet.

Seite 66:

1

	Subjekt	Prädikat	adverbiale Bestimmung	Objekt
(h)	Beide Hände	steckten	in einer Rattenfalle	
(i)	Er	verließ	vor Schreck	das Haus
(j)	Seine Finger	suchten	eigentlich	irgendein kostbares Diebesgut
(k)	Zwei Fallen	quälten	jetzt	seine sensiblen Finger
(l)	Mr. Langfinger	pflegte	in dieser Nacht	seine Diebesinstrumente

2 So ergeben die Sätze einen gut zusammenhängenden Text (manchmal kannst du es auch etwas anders machen):

(a) In einer engen Straße stand ein Haus.
(b) Es war stockfinster.
(c) Kein einziges Licht brannte hinter den Fenstern.
(d) Mr. Langfinger öffnete das Kellerfenster.
(e) Vorsichtig bestieg er den dunklen Keller.
(f) Mit seinen Händen ertastete er den Fußboden.
(g) Plötzlich spürte er einen furchtbaren Schmerz.

Seite 67:

1 So etwa sollte der Text lauten:

(a) Am gestrigen Freitag beging die Burgschule ihren sozialen Tag.
(b) Von unserer Schule gingen 150 Schüler in Unternehmen und Haushalte.
(c) Dort arbeiteten sie freiwillig für mehrere Stunden.
(d) Den erarbeiteten Lohn bekamen sie aber nicht selbst.

(e) Er wurde in die Stiftung „Schüler helfen Schülern" eingezahlt.
(f) Einfach war die Arbeit für manche Schüler nicht,
(g) den meisten hat sie aber viel Spaß gemacht.
(h) Für ihr Engagement erhielten sie von den Arbeitgebern großes Lob.

Seite 68:

1 (a) Nachdem sie ihre Hausarbeit erledigt hatte, gönnte sich Frau Bluff eine Ruhepause.
(b) Während sie in ihrem Sessel saß, hörte sie,
(c) wie ihr Sohn hereinkam.
(d) Da der Junge eine große Vase auf seinem Kopf trug, dachte sie an ein Unglück.
(e) Der Arme ist sicher, als er mit der Vase spielte, darin stecken geblieben, dachte sie.
(f) Um ihn zu befreien, lief sie ihm entgegen.
(g) Obwohl sich der Kleine in einer unglücklichen Lage befand, nahm sie einen Hammer.
(h) Als sie mehrere Male auf die Vase eingeschlagen hatte, zersprang sie in kleine Stücke.
(i) Doch was musste sie sehen, als die Vase zerplatzt war?
(j) Der Kleine hatte sie sich, um seine Mutter zu erschrecken, oben auf den Kopf gesetzt.
(k) Frau Bluff dachte: Dieses Problem wäre auch lösbar gewesen, ohne die Vase zu zertrümmern.

Seite 69:

1 (a) Vor der Speicherung wichtiger Aufnahmen empfehlen wir Ihnen zunächst das Anfertigen einiger Probeaufnahmen.
(b) Um das Funktionieren der Kamera sicherzustellen, sollten Sie ihre richtige Bedienung lernen.
(c) Lesen Sie vor der Verwendung der Kamera die Sicherheitshinweise.
(d) Richten Sie die Kamera wegen der Gefahr der Augenschädigung niemals direkt in die Sonne.
(e) Beim Auslösen des Blitzes sollten Sie nicht in unmittelbare Nähe der Augen anderer kommen.
(f) Versuchen Sie niemals das Zerlegen des Gerätes.
(g) Legen Sie die Kamera beim Auftreten von Rauch unverzüglich beiseite.
(h) Verwenden Sie die Kamera nach Beschädigung des Gehäuses nicht mehr.
(i) Beim Tragen der Kamera am Tragegurt beachten Sie unbedingt die Gefahr einer Erschütterung.
(j) Wir wünschen Ihnen viel Freude mit Ihrer Kamera.

Seite 72:

2 RITUAL
LIANE
KLIPPE
TRADITION
BUNGEE-JUMPING
SCHUFTEREI
JOHLEN
BAUMELN

Lösungswort: **MUTPROBE**

3 Die Überschrift „Die Mutprobe ist nur ein Touristenschauspiel" passt nicht zum Textinhalt und muss korrigiert werden.

Seite 73:

1 (a) Diagramm 1
(b) Diagramme 5 und 6
(c) Diagramm 4
(d) Diagramm 2

Seite 74:

2 Die Firma Symantec ist ein Unternehmen, das <u>Programme zur Sicherheit beim Surfen im Netz herstellt</u>.
Die Firma beauftragte ein Marktforschungsinstitut, zu untersuchen, wie Kinder und Jugendliche <u>mit PC und Internet umgehen</u>.
Außerdem wollte das Unternehmen <u>auf Risiken im Umgang mit dem Internet aufmerksam machen</u>.

Seite 75:

3 Richtig sind die Aussagen c und e.

Die anderen sind falsch und müssen so korrigiert werden:
(a) Nach den Ergebnissen der Studie besitzen die meisten Jugendlichen <u>keinen</u> eigenen Computer.
(b) Jeder <u>Fünfte</u> erledigt seine Hausaufgaben am PC.
(d) Das Chatten ist für <u>knapp ein Drittel</u> der jungen Leute die Lieblingsbeschäftigung am PC.
(f) 84 Prozent der Jugendlichen <u>waren bereits im Internet</u>.

Seite 76:

1 Frage 1 – Antwort c
Frage 2 – Antwort a
Frage 3 – Antwort b
Frage 4 – Antwort e
Frage 5 – Antwort d

© Schroedel, Braunschweig   ISBN 978-3-507-48154-1; alt: 3-507-48154-5